El pequeño libro de la filosofía estoica

Filosofía

Biografías

Javier G. Recuenco es Fundador de Singular Targeting. Presidente de Mensa España. Ha fundado cinco *startups*. Imparte materias sobre *Big Data* e inteligencia artificial en varias universidades.

Guillermo de Haro es ingeniero y periodista, con varios doctorados y másters. Socio en Jot Down, autor de varios libros y director académico en IE University.

Javier G. Recuenco y
Guillermo de Haro

El pequeño libro de la filosofía estoica

alienta
EDITORIAL

Obra editada en colaboración con Editorial Planeta – España

Bajo el sello editorial PAIDÓS M.R.
Avenida Presidente Masaryk núm. 111,
Piso 2, Polanco V Sección, Miguel Hidalgo
C.P. 11560, Ciudad de México
www.planetadelibros.com.mx
www.paidos.com.mx

Primera edición impresa en España: junio de 2022
ISBN: 978-84-1344-168-9

Primera edición impresa en México en Booket: junio de 2025
Segunda reimpresión en México en Booket: octubre de 2025
ISBN: 978-607-639-007-8

Impreso en los talleres de Corporación de Servicios Gráficos Rojo S.A. de C.V. Progreso #10, Colonia Ixtapaluca Centro, Ixtapaluca, Estado de México, C.P. 56530.
Impreso en México –*Printed in Mexico*

Sumario

Introducción

La primera pregunta que nos hizo Roger Domingo, el editor de esta obra, fue clara, sencilla y directa. ¿Por qué debería leerla? El tema es interesante, pero ninguno de los autores que firmamos esta obra somos filósofos, como algunos de los referentes que citamos más adelante. Tampoco somos *coaches*, ni publicistas, como uno de los impulsores modernos del estoicismo, Ryan Holiday. La verdad es que ninguno de nosotros puede alegar haber sentado cátedra sobre los principios básicos o últimos de esta filosofía. Ambos tenemos experiencia en formación (ingenieros) y perfiles de gestión en nuestra carrera profesional (directivos y emprendedores).

Sin embargo, hay algo más. Ambos hemos estado aplicando durante muchos años las técnicas del estoicismo en nuestra vida personal y en nuestro trabajo. Bajo el fuego. En vivo y en directo. Día a día. Probablemente no podamos discutir de tú a tú con Massimo Pigliucci sobre las aproximaciones eudemonistas hacia la dignidad de la muerte. No obstante, hemos vivido transformaciones dramáticas en empresas e industrias, hemos liderado a pie de trinchera, lejos de la cómoda distancia que muchas veces proporciona la academia, la consultoría y, en general, el cómodo lecho de la teoría y el no mancharse las manos. Nuestra escuela práctica y viva de estoicismo ha consistido en liderar equipos, formar a nivel de grado o de posgrado, implementar sistemas de información, impulsar transformación digital en organizaciones públicas y privadas, y sobre todo difundir una disciplina que hace un uso intensivo y extensivo de todo lo relacionado con el estoicismo, como es la resolución de problemas complejos (CPS, por sus siglas en inglés).

Instituciones tan diferentes como el World Economic Forum o el Horizonte 2025 de la Unión Europea llevan años pronosticando que pensamiento crítico y CPS serán las dos habilidades más demandadas por las organizaciones en el futuro. No deja de ser curioso que estas disciplinas, y en particular la segunda, no gocen de un conocimiento general entre los directivos y profesionales españoles, e incluso en cualquier persona que quiera contar con herramientas básicas para su vida, de manera acorde a las expectativas que generan en el resto del mundo. Y es que las técnicas de pensamiento crítico, la creatividad y las metodologías de toma de decisiones y resolución de problemas son aplicables en cualquier ámbito de actuación, ya sea en la dirección de una empresa o administración pública, como en áreas de operaciones, finanzas, comunicación, innovación, tecnología o RR. HH. Son imprescindibles para la vida personal y profesional de cualquier ser humano. Técnicas que, ya en la antigua Grecia, se estudiaban, desarrollaban y enseñaban.

En Singular Solving el objetivo es resolver problemáticas sin precedentes, en escenarios donde no hay ninguna referencia que consultar porque son productos de los tiempos VUCA (volátiles, inciertos, complejos y ambiguos) en los que vivimos. Fundamentalmente hemos trabajado con docenas de emprendedores, directivos y CEO en intentar dar la vuelta a situaciones siempre complicadas, desesperadas en muchas ocasiones, y en un escenario en el que muchísimas circunstancias no estaban bajo su control y los obsesos del control pierden completamente los nervios y la perspectiva. Situaciones dramáticas, con alto coste personal y económico, que involucran personas de todo tipo. Empleados directos, ciudadanos afectados indirectamente. Soluciones que no lo son si no tienen en cuenta el factor humano, el factor X y cómo se ve afectado. Es imposible llevar a cabo algo así sin usar los principios del estoicismo. La resolución de problemas complejos requiere de una serie de virtudes eminentemente estoicas.

Los principios estoicos se basan en percibir adecuadamente, actuar correctamente y desarrollar la voluntad de aceptar y tolerar lo que sucede. Lo que coincide por completo con la capacidad de realizar diagnósticos críticos y acertados, poder trazar estrategias y propuestas de valor correctas, y aceptar que no está todo controlado y que la suerte juega su papel. Construir un avión en pleno vuelo. O simplemente vivir, como ha hecho la humanidad durante mucho tiempo.

En este proceso nos hemos encontrado con lo complicado que es hacer entender a políticos y altos directivos que muchos de los problemas que enfrentan no se resuelven con soluciones conocidas, no son proyectos llave en mano. Ha sido necesario educarles en comprender escenarios extremadamente complejos e impredecibles, en gestionar su capacidad de analizar lo más complicado, pero sobre todo en ser funcionales cuando nadie sabe con certeza qué hacer: ser los que toman decisiones sobre el camino a seguir cuando todo el mundo ha agotado sus reservas de libros o experiencia, y además liderando a equipos humanos en el proceso.

Hemos ejercido el estoicismo durante años bajo el fuego más cruento. Sabemos de primera mano que la naturaleza del trabajo del CEO, solitario, desagradecido, lleno de incertidumbre, es el mayor reto para aplicar la sabiduría acumulada desde que Zenón de Citio decidió fundar la disciplina. Y esta experiencia la hemos aplicado también a la formación de incontables alumnos en ésta y otras disciplinas asociadas. Toma de decisiones, análisis del entorno, resolución de problemas complejos, pensamiento crítico. Nada tiene sentido sin los cimientos y éstos están en una pequeña zona mediterránea. La lógica, la gramática, la física. Epicteto, Séneca, Marco Aurelio.

Así que nuestro propósito de ser útiles a estos colectivos, proporcionándoles una herramienta cognitiva de primer nivel para poder gestionar su día a día, nos ha llevado a este manual. Un pequeño repaso a una filosofía que tiene dos mil cuatrocientos años de historia, a la que el ser humano ha vuelto una y otra vez, especialmente cuando los tiempos han devenido complicados. Unos fundamentos de los que no hemos recibido en toda nuestra vida académica y profesional moderna probablemente ni unos minutos de introducción, y que como mucho ha suscitado en nosotros el uso común de la palabra estoico, malinterpretada como sinónimo de sufridor y con capacidad de aguante, sin más implicaciones.

Esperamos que nuestra aproximación, histórica, mínimamente teórica y basada en la práctica, te ayude en tu día a día. Y si deseas mayor profundidad, detalle, más lírica, espiritualidad o academia, encontrarás en la extensa bibliografía multitud de referencias interesantes y muy recomendables.

Por si aún no nos crees con la capacidad, la relevancia o el empaque necesario para caminar contigo en este viaje al pasado para aplicar en el presente un conocimiento vital para tu futuro, queremos contarte la historia de un recordado y reconocido ingeniero, Randy.

En septiembre de 2007, la crisis financiera en EE. UU. era ya innegable. Bear Stearns, uno de los grandes bancos de inversión que posteriormente desaparecía, había cerrado dos fondos de inversión con grandes pérdidas. American Home Mortgage, una de las entidades hipotecarias más grandes del país, se declaraba en bancarrota. Poco a poco el sistema financiero se desmoronaba, iniciando una crisis que impactaría en todo el mundo tras la caída de Lehman Brothers. Mientras se iba desarrollando esta tragedia, anunciada pero ignorada, el 18 de septiembre de 2007, Randolph Frederick Pausch, más conocido como Randy, impartía una charla en su universidad, la

Carnegie Mellon University (CMU), titulada «Really Achieving Your Childhood Dreams» (Alcanzando los sueños de infancia).

La charla estaba llamada a ser una más de una serie de conferencias en las que se pedía a referentes académicos que trataran profundamente un tema de vital importancia para ellos. Para ponerte en contexto, debían plantearse que ésa sería su *last lecture*, su hipotética «conferencia final», impartida justo antes de morir. El objetivo era centrarse en responder a la pregunta «¿Qué sabiduría querrías dejar al mundo si supieras que es tu última oportunidad de hacerlo?». No obstante, la charla de Randy fue un tanto diferente. Nada más comenzar la ponencia el querido académico explicó que había sido diagnosticado de cáncer de páncreas, que éste no tenía cura y que en unos meses iba a fallecer. A pesar de ello quería impartir la conferencia, avisando de que la misma contenía ciertas «trampas». La charla se convirtió en un éxito inesperado. La grabación en YouTube superó los veinte millones de visionados y Randy fue invitado el 22 de octubre de ese mismo año a presentar una versión resumida de unos diez minutos en el programa *The Oprah Winfrey Show*, de máxima audiencia en todo el país.

En medio de una crisis mundial, con el mundo desmoronándose y una gran incertidumbre sobre el futuro, con millones de personas perdiendo sus casas, sus empleos y sus ahorros, Randy daba una lección de estoicismo, sin ponerle este nombre. Comenzaba dejando claros sus objetivos de infancia, para determinar si los había conseguido alcanzar o no. Explicaba por qué para él los muros eran oportunidades para demostrar cuánto queremos realmente alcanzar algo. Continuaba agradeciendo a familiares, amigos y colegas por todo lo que le habían aportado en el proceso. No negaba la gravedad de su situación, pero se negaba a sentir pena de sí mismo y dejaba claro que, aunque hay cosas en la vida que no se pueden controlar, él había decidido ser feliz, reír y disfrutar. La charla se difundió por todo el mundo. Disney, a través de su editorial Hyperion, pagaba un adelanto millonario por un libro sobre el tema. Y el ejemplo de Randy se mezclaba con la creciente situación de incertidumbre en todo el planeta ante el desmoronamiento del sistema financiero.

Lo más interesante del asunto es que Randy no había preparado la charla para él, ni para sus colegas, ni por supuesto para los millones de televidentes del programa de Oprah. Se alegraba, por supuesto, si ésta les podía ser de utilidad. Pero su principal objetivo con esa charla era dejar un legado a sus tres hijos para cuando él no estuviera.

Profesor de informática, experto en diseño de la interacción entre hombre y máquina, Randy era un exponente de la comunión entre el mundo de la tecnología y la ciencia y las humanidades. Había cumplido la mayoría de sus sueños, como trabajar para Disney en su empresa de animación. Y dejaba un legado notable, humano y técnico. Para su «última charla» en la CMU, más de cuatrocientas personas abarrotaron el auditorio, charla que dedicó a sus hijos y que aprovechó para felicitar el cumpleaños a su esposa.

A lo largo de la historia, los seres humanos nos hemos planteado grandes cuestiones de manera recurrente. De dónde venimos. A dónde vamos. Qué hay después de la muerte. Cómo vivir una buena vida. Cómo hacer lo correcto. Cómo ser felices. Estas preguntas están presentes más que nunca en nuestro día a día en pleno siglo XXI. Los grandes problemas filosóficos aparecen de nuevo en nuestros días. El auge de tecnologías como la inteligencia artificial o el coche autónomo han vuelto a hacer necesario el pensamiento filosófico. ¿Cómo nos aseguramos de que se toman buenas decisiones? ¿Por qué consideramos que esas decisiones serán buenas a la par que resuelven los problemas? La mejor manera de responderlas es estudiar a quienes las han intentado resolver a lo largo de la historia.

De la misma manera que Randy se enfrentaba a la adversidad con una actitud y unos valores que le ayudaron a ser feliz incluso en un momento tan complicado, los estoicos llevan estudiando y proponiendo respuestas a las grandes preguntas desde hace miles de años. Comenzando por los primeros filósofos estoicos conocidos, alrededor del año 300 a.C., hasta los modernos estudiosos de la temática, el objetivo de este libro es introducir al lector en este movimiento que va más allá de la filosofía para ser una forma de entender la vida. El estoicismo vuelve a ser una herramienta importante, cada vez más presente en la literatura, el interés de los medios y la manera de ser de las personas. Ante los grandes retos sociales, tecnológicos y transhumanísticos que enfrentamos en el siglo XXI, ante entornos volátiles, inciertos, complejos y ambiguos, lo que en inglés se conoce con el acrónimo VUCA, una nueva corriente de estoicos está intentando entender cómo podemos vivir una vida más plena, más consciente, feliz y con valores sólidos en el momento actual.

El profesor Rojas Marcos definía en su libro *El hombre light* (1998) una nueva generación de humanos, una sociedad hedonista y materialista enfocada en alcanzar el éxito como vía para la felicidad. Y entendiendo el éxito como dinero y consumo, lo que redundaba en inseguridad, vulnerabilidad, indiferencia y finalmente infelicidad. Este vacío existencial, construido sobre una tolerancia ilimitada, ha tenido como reacción el resurgir del estoicismo.

Para ello vamos a repasar de forma breve tres grandes áreas, enfocándonos en lo más práctico y relevante, y sin ánimo de ser exhaustivos. Primero, entender qué es el estoicismo, su historia y sus principales elementos. Segundo, cómo aplicar el estoicismo en nuestro día a día. Y tercero y final, quiénes son los principales estoicos y qué obras de referencia merece la pena leer. Acabaremos el libro con un breve planteamiento sobre cómo avanzar más por este camino para cualquiera que pueda estar interesado en ir más allá de lo que esta breve obra pretende aportar. A saber, una pequeña guía introductoria, con un resumen de historia y teoría, más ejemplos prácticos, a menudo sacados de nuestra propia experiencia.

Pero sobre todo nuestro objetivo con este libro es ayudar a quien lo lea a poder tomar mejores decisiones para llevar una vida más virtuosa y feliz. Es un objetivo ambicioso, pero creemos que conociendo mejor el estoicismo y practicándolo en nuestro día a día, lo alcanzaremos.

¡Comenzamos el viaje!

Qué es el estoicismo

A primera vista, explicar con precisión qué es el estoicismo no parece complicado: es una escuela de pensamiento filosófico nacida en la Grecia clásica. Para ser más exactos, fundada alrededor del siglo III a.C. por Zenón de Citio. Su principal motivación fue plantear ideas nuevas y prácticas, enfrentadas a las de las escuelas epicúrea y cínica. Y cuyo nombre proviene del lugar donde Zenón impartía sus lecciones, la *stoá poikilè* o *stoá pecile*, el pórtico *(stoá)* pintado *(poikilè)* al norte del ágora de Atenas. Así, los estoicos eran los que se reunían en la Stoa a aprender de Zenón.

Pero algo más tiene que haber para haberse convertido en una de las disciplinas más importantes y crecientes del siglo XXI. Si miramos en Ngram, el buscador de palabras en libros que ha creado Google, podemos comprobar cómo el término «estoicismo» está en su máximo histórico. El tema ha llegado a captar el interés de personas de toda clase y condición. Académicos, por supuesto, que estudian la filosofía clásica. Pero también escritores, emprendedores, directivos, incluso famosos, leen, estudian y practican el estoicismo a diario. No encontramos gente declarándose «epicúrea» o «aristotélica», pero sí es posible descubrir gente que se define como «estoica».

Y cuando les preguntamos por la definición de estoicismo, o qué les hace estoicos, la cuestión ya no es tan sencilla.

Para simplificar, vamos a ver el estoicismo como una escuela de filosofía que intenta responder a la pregunta de cómo vivir una buena vida.

> El empeño es grandioso y la tarea divina: alcanzar maestría, libertad, felicidad y calma.
>
> EPICTETO

La respuesta del estoicismo a cómo tener una buena vida está relacionada con varios factores, siendo uno de ellos tomar buenas decisiones de manera racional. La toma de decisiones es una de las disciplinas en la que más hemos trabajado ambos autores durante toda nuestra carrera. Todos tomamos decisiones, pero no todos tenemos felicidad o tranquilidad cuando lo hacemos. ¿Dónde reside la diferencia?

Jonas Salzgeber explicaba en su libro sobre el estoicismo que «encontrar el estoicismo de una forma u otra [en nuestras vidas] es la parte fácil. Sin embargo, comprender y explicar exactamente qué es el estoicismo es la parte complicada. Reconocer exactamente cómo es relevante hoy día y cómo puede ser de ayuda, es la parte retadora. Finalmente, entenderlo completamente y ponerlo en práctica, es la parte ambiciosa: ahí es donde se esconde el gran valor».

¿Por qué esta complicación aparente? En primer lugar, porque la concepción moderna que tenemos de la palabra «estoico» y del «estoicismo» como filosofía es errónea. Es muy normal considerar que un estoico es una persona indiferente a las principales emociones. Alguien que no se ve afectado por emociones negativas, como el dolor o la pena, ni tampoco por emociones positivas, como la alegría o incluso el placer. Según el *Online Etymology Dictionary*, creado por Douglas Harper, la primera referencia moderna al término en inglés *stoic*, fechada en 1570, nos dice precisamente eso mismo: «Indiferencia al placer o al dolor». La definición moderna de «estoico» en el diccionario Merriam-Webster en inglés es «alguien que aparentemente no se ve afectado, no muestra pasión ni sentimientos».

Pero no eran así realmente los antiguos estoicos, ni proponen ser así los modernos. Ni pretenden deshacerse de toda emoción, ni son ascetas. Su objetivo es alcanzar un estado de serenidad —ataraxia— que no pueda ser afectado por los inevitables altibajos de la vida. Pero esa tranquilidad básica que buscaban sí que les permitía momentos de gozo.

Es muy probable que hayamos encontrado en algún momento la siguiente plegaria, conocida como «Plegaria de la Serenidad»:

> Dios, concédeme la serenidad para aceptar lo que no puedo cambiar, valor para cambiar las cosas que puedo cambiar y sabiduría para reconocer la diferencia.

Se atribuye al filósofo, ético y teólogo americano Reinhold Niebuhr, recogida por uno de sus discípulos en 1932. De hecho, existen textos parecidos en la obra de Epicteto, referente estoico, así como en el budismo. Como se puede comprobar, no se centra en la idea de «poner la otra mejilla», sino más bien en ser activo y proporcionar una guía sobre cómo actuar, sin olvidar que hay cosas que no podemos controlar.

Pero esta concepción errónea no se encuentra únicamente en el mundo anglosajón. Nuestro diccionario de la RAE define el término en su primera acepción como adjetivo, con el sentido de «fuerte, ecuánime ante la desgracia». En la segunda y la tercera se centra en lo relativo o perteneciente al estoicismo, y quienes siguen la doctrina del estoicismo, de nuevo enfocado únicamente en situaciones negativas, alejado de su definición original y posterior evolución hasta nuestros días.

Así que para entender mejor el estoicismo y poder definirlo, vamos a dar un repaso a sus orígenes.

El nacimiento del estoicismo

Fundado por Zenón de Citio, nuestro héroe desarrolla sus teorías partiendo de dos grandes influencias. Por un lado, lo que aprende como cínico, es decir, miembro de la escuela filosófica de los cínicos. Por otro lado, desarrollando su pensamiento como contraposición a la escuela de Epicuro.

Este proceso de creación de una nueva escuela era bastante típico. Para estudiar a los filósofos y sus corrientes de pensamiento, es muy valioso entender su historia, como haremos más adelante, su obra, por supuesto, pero principalmente con quién habían aprendido. Aunque quedan textos diversos, la mayor parte de su conocimiento se transmitía entonces de manera oral. Sus enseñanzas se hacían en un lugar característico. Así, tenemos la Academia (en los jardines de Academo daba clase Platón), el Liceo (un gimnasio donde impartía cátedra Aristóteles), la Stoa (el pórtico donde impartía docencia Zenón) y el Jardín (el huerto, más bien, de Epicuro). Con el tiempo, un estudiante de una determinada escuela, que acudía como oyente, podría comenzar a desarrollar nuevas ideas a partir de las ideas allí discutidas. De este modo, ampliando, detallando u oponiéndose a la misma, terminaba creando en algunos casos su propia corriente de pensamiento.

En el caso de Zenón, estudió con Crates de Tebas, quien a su vez había sido discípulo de Diógenes de Sinope, conocido referente de la escuela cínica. El término cínico viene de la palabra *kyon*, que significa «perro», y se los conocía así por su manera humilde de vivir. El caso de Diógenes era absolutamente extremo. Este filósofo se hizo famoso por convertirse en vagabundo e intentar vivir sin deseos y con lo mínimo imprescindible. Como dice el refrán, «predicaba con el ejemplo». En su caso hasta el extremo de llegar a vivir en una tinaja y prácticamente sin propiedades materiales.

No dejó enseñanzas escritas, pero sí se escribió mucho sobre él. Hay numerosas leyendas sobre Diógenes y su comportamiento. En psicología su nombre se asocia a un síndrome, un trastorno del comportamiento que implica abandono de la higiene, desconexión social, aislamiento voluntario y, lo más llamativo, acumular desperdicios. Paradójicamente, más que guardar cosas sin tino ni medida, el objetivo de Diógenes en su vida era buscar la virtud, y consideraba que para conseguirlo el camino era renunciar a las posesiones materiales. Hasta el extremo de negarse a poseer casi cualquier cosa, por básica y necesaria que pudiera ser. Por ejemplo, entre sus pocas posesiones mantenía un báculo, un zurrón, un manto y un cuenco. Un día vio a un niño beber agua de lluvia usando sus manos como recipiente. Avergonzado al ver al muchacho, decidió deshacerse del cuenco en ese mismo momento. Ni siquiera podemos asociar su interés a la economía circular de compartir. Diógenes era muy radical en ese sentido.

Sus ideas y modo de vida pueden parecer complicadas de seguir como para crear una corriente de pensamiento importante, pero más allá de su entrega personal a la causa, Diógenes planteaba ideas muy jugosas para la época. Por ejemplo, abogaba por atacar las «costumbres», ya que las consideraba el disfraz de la falsa moral. La gente no se preocupaba de ser buena en el fondo, sino de cumplir con las formas, usos y costumbres. En un mundo políticamente correcto, Diógenes era políticamente incorrecto y llevaba al extremo su manera de vivir austera para resaltar este contraste.

> Otros perros sólo muerden a sus enemigos, mientras que yo también muerdo a mis amigos con el fin de salvarlos. ¿De qué sirve un filósofo que no hiere los sentimientos de nadie?
>
> DIÓGENES DE SINOPE

Poco convencido con las enseñanzas de la escuela cínica, Zenón amplió su campo de estudio a filósofos platónicos y aristotélicos. El resultado de todas estas influencias fue su definición de una nueva escuela de pensamiento filosófico, la última gran escuela de la filosofía helénica, que se extendió hasta el año 500 d.C. primero, y hasta nuestros días después. No fue únicamente ampliando o desarrollando a partir de la influencia directa del cinismo, que había conocido desde dentro siguiendo las ya comentadas enseñanzas de Crates y las referencias de Diógenes. Zenón plantea una visión de cómo vivir la vida en contraposición al epicureísmo, que era hedonista y materialista, y tenía como objetivo buscar el placer. Siendo más específicos, un estado de calma, tranquilidad y ausencia de miedo y dolor corporal. Por eso se suele considerar en el imaginario colectivo moderno que el estoicismo es un movimiento antagonista del epicureísmo. Veremos cómo no es así en realidad, y que esa tranquilidad interior o ataraxia es también muy importante para los estoicos. Pero sí es innegable que la influencia indirecta de Epicuro llevó a Zenón a sentar las bases del estoicismo. Conozcamos un poco más a Epicuro:

> No es posible vivir feliz si no se lleva una vida bella, justa y virtuosa, ni llevar una vida bella, justa y virtuosa sin ser feliz.
>
> EPICURO

Epicuro también desarrolla una filosofía por oposición. Concretamente, se oponía a la moda de su tiempo de utilizar la intervención divina, el *deus ex machina* y la superstición para explicar los fenómenos de la vida y la naturaleza. Para ello Epicuro decide apoyarse en los estudios de Demócrito sobre los átomos y la materia. Esto le lleva a desarrollar un marcado materialismo, que deriva en su versión ligera del hedonismo. Ligera en el sentido de que buscaban el placer, pero entendido también como ausencia de dolor y miedo, y no como gozo sin tino ni medida. Epicuro no busca el exceso. El camino para conseguir ese placer era paradójicamente una vida simple. En contraposición, de nuevo, con los hedonistas y materialistas que alardeaban de acumular riquezas.

Argumenta nuestro héroe que el placer es el eje principal de una vida plena, pero que debe ser obtenido de manera moderada para evitar sufrimiento por su exceso o su defecto. También que son más valiosos los placeres de la mente que los del cuerpo, y los deseos innecesarios se deben eliminar. Paradójicamente no consideraba el sexo necesario y estaba en contra del amor apasionado, lo que nos puede dar una idea de por qué algunas corrientes perduran en el tiempo y otras lo tienen más difícil en su batalla contra las hormonas, salvo que deriven en secta o religión.

> Joven, entiendo que tu disposición natural es proclive hacia la pasión sexual. Sigue tu inclinación como quieras, siempre que no violes las leyes, perturbes costumbres bien establecidas, hagas daño a tus vecinos, hagas daño a tu cuerpo o desperdicies tus posesiones. Es imposible que no seas afectado por una o más de estas condiciones,

> pues un hombre nunca consigue bien alguno de la pasión sexual, y es afortunado si no recibe daño.
>
> EPICURO, *Exhortaciones*

Zenón beberá de esta corriente para desarrollar su propia visión de cómo enfrentarse al mundo y a la vida, con sus propios matices. Explicaba Bertrand Russell en *Historia de la filosofía occidental* (1946), que mientras Epicuro dejó fijada su doctrina de manera clara, como hemos comprobado, Zenón se centró más en sentar unas bases que después se han ido desarrollando a través de otros filósofos y seguidores, llegando incluso hasta nuestros días. De hecho, una característica del epicureísmo fue su excesivo personalismo, que nos ha llevado a recordar la corriente tanto como a su fundador. El propio Epicuro celebraba su cumpleaños con sus seguidores, y dejó estipulado que a su muerte siguieran ellos celebrándolo. Su objetivo inicial era terminar con la superstición mediante la explicación del origen y estructura del universo, y llevó esto a unas prácticas de vida que no fueron la parte principal del movimiento. Desarrolla un culto a su persona muy similar a los que podemos encontrar en otras corrientes (socráticos, aristotélicos), y muy similar al que los Monty Python ridiculizaban en *La vida de Brian*. No la religión, ni la figura de Jesucristo, sino una época en la que los gurús y los mesías fueran casi una industria más. Como puede serlo en el siglo XXI el lanzamiento de un nuevo producto de Apple, por ejemplo.

Este fenómeno mesiánico, sin embargo, no se reprodujo en el estoicismo. Lo explicaba muy bien Donaldson:

aunque al inicio se conoció la escuela brevemente como *zenoísmo*, el término fue rápidamente abandonado, ya que los propios estoicos querían evitar que su filosofía se convirtiera en otro culto a la personalidad más. Como resultado, su nombre viene del lugar público de encuentro elegido, probablemente otra de las claves de su éxito por pura diferenciación.

> La filosofía no asegura nada externo para el hombre, de lo contrario estaría admitiendo algo que está más allá de su propia materia. Porque, así como el material del carpintero es la madera y el del escultor el bronce, así el objeto del arte de vivir es la vida de cada uno.
>
> EPICTETO, *Discursos*

El estoicismo vivió en la Antigüedad tres épocas principalmente. Primero el estoicismo antiguo, que se centra en la época de Zenón y la creación de la escuela filosófica como hemos comentado ya. Le siguió el estoicismo medio, avanzando la difusión de sus enseñanzas en paralelo con el crecimiento del Imperio romano, gracias a su adopción por las élites. De estas dos primeras épocas apenas quedan documentos escritos. Es de la tercera, el alto estoicismo, estoicismo tardío o estoicismo romano, de la que quedan más documentos. Este periodo es recordado principalmente por las obras de Lucio Anneo Séneca, Epicteto y Marco Aurelio, de quienes hablaremos con más detalle en la parte de autores de referencia. La llegada del cristianismo supone un freno en seco para ésta y otras escuelas helenísticas. Su final oficial se suele fechar en el año 529 d.C., cuando Justiniano I el Grande cierra las tres principales escuelas, la Stoa (estoicismo), el Liceo (aristotélica) y la Academia (platónica), aunque ya desde poco después de la muerte de Marco Aurelio el estoicismo fue clara y paulatinamente cayendo en el olvido.

Neoestoicismo

Hasta el Renacimiento. En esta época se produjo un resurgir del estoicismo, denominado «neoestoicismo». Más concretamente a principios del siglo XVI y parte del XVII. El término se asocia a un intento de revivir este movimiento filosófico, pero adaptado a la época, o más concretamente al cristianismo. Aunque pueda parecer lo contrario, en este caso no aplica el famoso refrán de «si no puedes vencerlos, únete a ellos». La idea no era tanto volver a poner de moda a los clásicos estoicos en su totalidad, sino más bien recuperar la aplicación de sus enseñanzas prácticas, adaptada al pensamiento del momento.

El creador e impulsor del neoestoicismo fue Justo Lipsio, un humanista belga. En su obra *Sobre la constancia* (1583) se centra en cómo enfrentarse a los problemas externos reforzando su carácter, a partir de las calamidades vividas por él, y con un enfoque práctico. En el resto de su obra intenta apoyarse abiertamente en el estoicismo antiguo, adaptándolo a sus propias creencias cristianas. Sobre todo, su objetivo era encontrar consuelo y ánimo ante la adversidad, centrándose más en la parte moral y virtuosa que en la argumentación filosófica de la escuela estoica, que veremos más adelante.

Lipsio adapta muy bien el estoicismo alto, el desarrollado bajo el imperialismo romano, así como las referencias de Marco Aurelio. El motivo es que era más fácil para una Europa imperial interesarse primero y asimilar después las disquisiciones de un idolatrado emperador romano. Cualquier tiempo pasado, ya se sabe. Pero no sólo él, la intelectualidad europea revivió a los Séneca, Epicteto y Cicerón, buscando en los estoicos consuelo para su vida. En situación de inquietud permanente, una Europa sacudida por las miserias de las incesantes guerras y los resultados de éstas, necesitaba de alguna fuente de consuelo.

Lipsio había dedicado dos años a perfeccionar su latín y estudiar a Séneca, se encontraba en el centro del continente y era más aséptico promover una filosofía de dos mil años atrás, en medio de los turbulentos tiempos vividos y por vivir en la Vieja Europa. Así, se centraba en el cultivo de la mente y una vida interior como medio para encontrar la verdadera bondad y desarrollar una resistencia voluntaria, o resiliencia, para enfrentar todas las contingencias humanas.

El impacto de Lipsio cabalga, como suele ser habitual en estos casos, sobre otras obras recientes que allanaron el camino para su posterior éxito. Antonio de Guevara había publicado una biografía de Marco Aurelio, considerado en la época el referente de las virtudes estoicas. También se atribuyen referencias al estoicismo a Calvino en 1536, incluso acuñando el término neoestoicismo, previas a los trabajos de Lipsio. El editor de Lipsio, Christophe Plantin, publicaba una adaptación de la obra de Tito Lucrecio, *De rerum natura (De la naturaleza de las cosas)*, en 1565, traducida por Hubert van Giffen (por si alguien quiere saber más quizá lo encuentre como Obertus Giphanius, latinizado). Lucrecio pertenecía a una escuela epicúrea que compartía con el estoicismo su visión de la filosofía natural. Diferían en la ética, pero ambas eran materialistas y deterministas.

Lipsio decide ignorar el materialismo y el determinismo que sustenta el pensamiento estoico original, para diseñar un estoicismo compatible con las creencias cristianas predominantes en el momento. O al menos hasta cierto punto. Como explica John Sellars, el estoicismo cristiano es una contradicción, forzada por este movimiento, ya que introduce a Dios eliminando precisamente esos dos preceptos básicos. Los intentos de Lipsio de construir una ética secular basada en el estoicismo romano terminaban siempre relacionando la moralidad con la religión. El neoestoicismo se basaba en que la regla básica para llevar una vida moralmente buena era no ceder a las pasiones, como planteaba el estoicismo. Eso sí, en lugar de ceder a las pasiones era imprescindible someterse a Dios, lo que chocaba con el estoicismo clásico.

El punto de vista estoico se enfocaba en controlar las pasiones. No hacerlo implicaba verse afectados por ellas, incurriendo en razonamientos defectuosos. Controlar las pasiones permitía evitar los errores que éstas pudieran causar en la toma de decisiones. Para conseguirlo era necesario estar en calma, algo que era posible alcanzar porque placeres y sufrimientos materiales eran irrelevantes. Aquí podemos comprobar la conexión con el cristianismo dominante.

En general se hizo una interpretación nueva e interesada de la ética estoica, para que encajara en el cristianismo imperante, tanto protestante como católico.

> Un compuesto ecléctico de elementos clásicos y cristianos, implicando un recurso más frecuente y más general a máximas morales y principios de los estoicos, un intento más sistemático de adaptarlos al sentimiento ortodoxo cristiano.
>
> ANTHONY LEVI

También se asocia a este movimiento a Guillaume du Vair o Pierre Charron en Francia, y a Francisco de Quevedo y Villegas en España, quien tradujo en su momento la *Doctrina Estoica* de Epicteto en 1635. Junto con la traducción de *Sobre la constancia*, fueron las dos primeras obras estoicas publicadas en español.

> Que los dioses te den años: lo demás correrá por tu cuenta.
>
> FRANCISCO DE QUEVEDO Y VILLEGAS, *Carta a Justo Lipsio*

El movimiento neoestoico es relevante porque su objetivo no era simplemente revivir el interés por los filósofos clásicos de esta escuela en particular, sino aplicar sus enseñanzas para que se practicasen en el día a día. Si el objetivo de una filosofía es ayudarnos a vivir la vida, el objetivo de Lipsio y el neoestoicismo era facilitar sobrellevar el pesar cotidiano de sus vidas. Un sentir muy parecido al que nos encontramos en el estoicismo contemporáneo. Surge en un momento particular, como respuesta a una situación de crisis y con un enfoque muy práctico.

> Primero descubre la persona que quieres ser, después haz lo que tengas que hacer.
>
> EPICTETO

El estoicismo contemporáneo o moderno

El estoicismo ha resurgido con fuerza desde la segunda mitad del siglo XX. En 1971 se publicaba *Problems in Stoicism* de Anthony Arthur Long, dando el pistoletazo de salida al interés en la sociedad moderna por la ética y la virtud de los primeros estoicos. Otro importante impulso vino propiciado en el siglo XXI tras la crisis financiera del año 2007. Se puede comprobar su impacto tanto por la aparición de un creciente número de autores y textos, de los que hablaremos en un capítulo posterior con más detalle, como por el creciente contenido sobre el tema en Internet, junto con la aparición de multitud de eventos, como la celebración de numerosas Semanas Estoicas por todo el mundo. El motivo de su éxito es sencillo. El estoicismo ofrece una guía eminentemente práctica para alcanzar una vida de felicidad y plenitud. Como hemos visto con el neoestoicismo, lo bastante plástica para adaptarla a tiempos y situaciones específicas y que siga funcionando. Por ejemplo, aunque obtener riquezas materiales no es su objetivo principal, el estoicismo no reniega de ellas e incluso las acepta como un efecto colateral del proceso. Este nuevo estoicismo también adapta los clásicos al lenguaje moderno. Por ejemplo, a través de los memes y los mensajes cortos y contundentes en diversos medios sociales.

> El medio es el mensaje.
>
> MARSHALL MCLUHAN

Cualquiera que haya estudiado filosofía en el instituto o la universidad recordará con pesar que gran parte de los escritos de los pensadores de cualquier época son complicados de entender. Los textos originales son a menudo ininteligibles para un lego, con una gran dependencia de las traducciones para poder seguirlos. Además, el lenguaje de épocas anteriores no es siempre fácil de actualizar ni de adaptar. En esos textos, a menudo se discute sobre complicadas abstracciones. Temáticas necesarias, por supuesto, como la existencia de la verdad absoluta o el sentido de la vida. Sin embargo, de lejana aplicación para la vida cotidiana de alguien que no se quiera dedicar al tema y que no disponga del contexto o conocimiento necesario para seguirlas y entenderlas.

Por el contrario, los escritos de los estoicos son notablemente accesibles y tremendamente prácticos. Los diferentes estoicos nos han dejado una colección de principios y técnicas sencillos y útiles, enfocados en cómo vivir una buena vida. Faro y referente moral, pero de clase media, acomodaticios. Especialmente Séneca, Epicteto y Marco Aurelio. Autores didácticos, sencillos y prácticos, reconocidos más por la fácil aplicación de su trabajo que por sentar las bases fundamentales filosóficas del estoicismo. Sus escritos, cartas y charlas están además pensados para la difusión. Normalmente en un ágora, a una audiencia cercana, pero estos magos del *storytelling* (de la narración) consiguieron que sus textos no pierdan impacto y foco con los años. Muchas de sus técnicas se podían encontrar en nuestro día a día. Son aplicadas o adaptadas por psicólogos modernos, siguiendo diferentes corrientes que las han incorporado por su facilidad para proporcionar herramientas prácticas y generar hábitos de comportamiento saludables. Tampoco se puede negar que los medios sociales y el consumo de contenidos más cortos y de rápido impacto han facilitado la difusión de sus textos y enseñanzas. Así, tanto Twitter como Instagram para empezar, y posteriormente otras redes sociales, se han llenado de perfiles que difunden enseñanzas estoicas, directamente clásicas o sus propias versiones modernas.

En su blog, Eric Scott explicaba que «la potente combinación de redes sociales y unos pocos libros y artículos muy publicitados [...] ha relanzado recientemente al estoicismo con una curva de crecimiento exponencial». Grupos en Facebook, eventos presenciales denominados «Stoicon», campamentos estoicos, podcasts, y comunidades de interesados en la temática por todo el mundo. Australia, EE. UU.,

Irlanda, Escocia, Canadá, Finlandia, Portugal, Reino Unido, Polonia y España, entre otros muchos países, cuentan con comunidades de estoicos notables y crecientes.

¿Por qué se ha dado este fenómeno? Conozcamos un poco mejor las bases del estoicismo.

Principios del estoicismo

El estoicismo es una filosofía racional, basada en la ciencia y la razón. De hecho, los estoicos se vanaglorian del uso de leyes como la de causa y efecto. Sin embargo, el objetivo de esta filosofía es subjetivo y emocional: alcanzar la felicidad. O, más bien, la «eudemonía». ¿Quién no quiere ser feliz? ¿Cómo no vamos a querer saber más de una disciplina que nos ayuda a ser felices y vivir una buena vida, pero además lo va a hacer de manera lógica, racional, científica? Es la combinación perfecta en el momento perfecto.

El proceso para conseguirlo implicaba como paso imprescindible el autocontrol, basado en la sabiduría. El control de las emociones personales, basado en el coraje y la capacidad de raciocinio, era absolutamente necesario para poder enfrentarse a la realidad, que no se puede controlar. Y es que una idea básica que debemos aprender en el estoicismo es que en la vida hay cosas que podemos controlar y otras que no. Pero lo que sí podemos hacer respecto a las segundas, es controlar cómo nos afectan. Controlar nuestras emociones.

Por lo tanto, el estoicismo no buscaba crear la ilusión de sociedad perfecta donde no existía el mal ni el sufrimiento. Al contrario, acepta que en la vida habrá sinsabores, que no podemos evitarlos, pero que sí podemos elegir cómo enfrentarnos a ellos.

> No podemos elegir las cartas que nos tocan, pero sí cómo las jugamos.
>
> RANDY PAUSCH, *La última lección*

Memento mori

Las epístolas de Séneca incluyen gran cantidad de referencias a la muerte. Epicteto insistía a sus alumnos que, al visitar a un ser querido, debían recordarse a sí mismos que son mortales: «Los que están detrás de los hombres en sus triunfos y les recuerdan que son mortales». Igualmente, en la antigua Roma era costumbre que un esclavo o un siervo caminara detrás del general romano victorioso en su parada, repitiendo la frase que Tertuliano nos hizo llegar como «¡Mira detrás de ti! Recuerda que eres un hombre». Marco Aurelio en sus *Meditaciones* exhortaba al lector a «considerar cuán efímeras y significantes son todas las cosas mortales».

El extremo de aceptar que la vida tiene aspectos negativos, duros e inevitables era aceptar la propia muerte. O como decía el chiste, «la vida es una enfermedad mortal de transmisión sexual». No es fácil interiorizarlo. Cuando somos niños la muerte es algo temporal. Acostumbrados a los videojuegos, algunos niños nos pueden preguntar por cuántas vidas nos quedan cuando nos morimos. En principio, el mayor miedo es la ausencia de los padres. Después lo ven como dormir, o viajar, «estar en el cielo». Finalmente se acepta como algo irreversible con la edad, que aun así nos provoca pesar y necesita de un tiempo de duelo.

> La única forma de vivir es sabiendo que vas a morir. Si tienes miedo de morir, nunca podrás vivir.
>
> JAMES BALDWIN

Una vez aprehendido este principio universal, se podía comenzar a trabajar en alcanzar un estado de calma, de tranquilidad, o como ya hemos denominado antes, de ataraxia. Este proceso implica aprender a no verse afectado en la toma de decisiones por bienes materiales, fortuna o placer, dolor o deseo. Si se consiguen eliminar estas ataduras, se alcanza libertad, felicidad y tranquilidad. Una vida plena, feliz y virtuosa, obtenido gracias al uso de la razón.

Los estoicos llamaban a esto vivir de acuerdo con la naturaleza. Ésta era la principal de las reglas de la naturaleza que era necesario entender. Todos vamos a morir. Los bienes materiales no vendrán con nosotros. Así que las experiencias, cómo vivimos la vida, cómo seremos recordados, es lo más importante. En una sociedad moderna donde cada vez poseemos menos y compartimos más, este mensaje funciona muy bien.

Pero esto requiere de una cierta adaptación. Como comentábamos al principio, el estoicismo viene del materialismo y del estudio del átomo. Por eso mismo sus seguidores consideraban, con Heráclito, al fuego como la sustancia primigenia. Y cuando decían que las personas deben ser racionales, ponían a la naturaleza como referencia para emitir los juicios, o, mejor dicho, concebían una racionalidad que está de acuerdo con la naturaleza.

Otro aspecto importante de la filosofía estoica es que la felicidad no se podía alcanzar sin virtud. Dicha virtud era el único bien preciado, en contraposición a los bienes materiales, e incluso la salud o el placer. De hecho, no consideraban a estos últimos ni buenos ni malos intrínsecamente, todo dependía de cómo afectaran en el comportamiento virtuoso del sujeto. Por eso, los estoicos consideraban que la mejor manera de conocer la filosofía de una persona era valorar su comportamiento. No lo que decían, sino cómo se comportaban. Este planteamiento facilitaba diseñar un conjunto de conductas prácticas que permitieran alcanzar la ataraxia y la eudemonía.

Años después Kant discutirá sobre nuestra voluntad y cómo influye a la hora de hacer el bien o el mal. Kant dirá que la buena voluntad es indispensable para ser felices. No basta con la virtud. También deja claro que no hay nada bueno sin restricción, más allá de la voluntad. Todo lo que tenemos y hacemos puede terminar sirviendo para el mal si no tenemos buena voluntad. Esto lo desarrolla Pablo Malo en su obra *Los peligros de la moralidad*, donde explica cómo las mayores barbaridades han sido realizadas por personas que estaban convencidas de estar haciendo el bien, y en pro de ese bien superior creían adecuado hacer cosas horribles a otros seres.

> Ni en el mundo ni en general tampoco fuera del mundo es posible pensar nada que pueda considerarse como bueno sin restricción, a no ser tan sólo una buena voluntad.
>
> KANT

> No hay nadie menos afortunado que el hombre a quien la adversidad olvida, pues no tiene oportunidad de ponerse a prueba.
>
> SÉNECA

De hecho, consideraban a todas las personas parte de una gran comunidad, una gran familia. Esta concepción integradora fue la antesala de una religión que estimaba a todos sus integrantes «hermanos». Para ellos, los humanos debían ayudarse unos a otros, vivir en comunión fraternal y no prestar atención a diferencias de riqueza o posición social. Por supuesto, esto se tradujo en ver a los esclavos —la esclavitud era algo normal en la época— como iguales, lo que supuso roces lógicos con lo políticamente correcto de su tiempo.

> El estoicismo es un tipo de ética de la virtud. Como tal, se centra en la mejora del propio carácter, no en decirles a los demás qué deben hacer.
>
> MASSIMO PIGLIUCCI

Hierocles, otro estoico griego, profundizaba en esta idea en *Elementos de ética*. Planteaba que nos relacionamos en círculos concéntricos, siendo el primero nosotros mismos, el siguiente la familia cercana, después los vecinos de la misma ciudad, luego los compatriotas y finalmente el resto del mundo. Esto impulsaba la vertiente de pensar en las preocupaciones de los demás. Es más, según Pigliucci, la influencia de Hierocles ha llegado hasta nuestros días en una costumbre muy particular. Hierocles insistía a sus alumnos en que usaran «hermano/a» o «tío/a» incluso con los extraños, introduciendo familiaridad en la relación para no olvidar que estamos todos juntos en este barco. O como dicen en América, *bro* (de *brother*, «hermano»). También está relacionado con los estoicos el concepto de cosmopolita o ciudadano del mundo.

> Cuando a ti se te pregunte de qué país eres, nunca contestes «soy ateniense, o soy corintio», sino di «soy ciudadano del mundo».
>
> SÓCRATES

> La gente buena hace cosas por otra gente.
>
> RICKY GERVAIS, *After Life*

Hay quien postula que los griegos eran artistas y filósofos mientras que los romanos fueron soldados y legisladores. Es decir, que los primeros se dedicaban más a pensar sobre conceptos como la justicia utilizando abstracciones, mientras que los segundos se dedicaban a implementar normas y asegurarse de que se cumplían. Esto explicaría que el estoicismo de la primera etapa se centrara en establecer las bases filosóficas de la nueva escuela de pensamiento, mientras que el alto estoicismo, más «romano», fuera mucho más práctico.

Los estoicos consideraban que el estudio de la filosofía estaba compuesto por tres áreas conectadas entre sí. La ética, la lógica y la física. La ética se refería a la conducta. La lógica estaba centrada en la teoría de la ciencia y el conocimiento. La física era la ciencia sobre bienes materiales, mundo y naturaleza. El conjunto de las tres áreas proporcionaba la capacidad para entender el universo.

Por cierto, estas áreas no eran las mismas para todas las escuelas de filosofía. Cada una de ellas difería en las materias elegidas. Los estoicos estaban interesados en una ética, moral o filosofía de vida, pero también eran necesarias la física y la lógica, al considerarlas relacionadas. Los epicúreos, escuela rival, compartían el interés en la física, con diferente visión que los estoicos, pero no incluían la lógica. Los cínicos, finalmente, no estaban interesados ni en la física ni en la lógica, y se centraban en la ética y en cómo vivir la vida.

Kant explicaba que la filosofía, el conocimiento racional en general, podría ser material y formal. El material estudiaba objetos, y englobaba a la física y su estudio de la naturaleza, pero también a la ética y su estudio de la voluntad y la libertad. La parte formal estudiaba las reglas para pensar, es decir, la lógica. Para Kant la ética no venía de la experiencia, lo llamaba «metafísica de las costumbres», es decir, la bondad es independiente de las circunstancias. No es bueno quien actúa según la situación, sino quien lo hace según unos principios que podemos razonar como buenos *a priori*. Ésta es la idea de la razón pura. Por ejemplo, podemos hacer actos buenos por razones malvadas.

Eso no nos hace buenos. Y por supuesto, no hay relación directa con la felicidad. En su *Crítica de la razón práctica*, el filósofo construye sobre las ideas estoicas su modelo, entrando en detalle sobre temas como la virtud y la libertad. Podríamos decir que Kant retoma la parte más filosófica y menos práctica de los estoicos y los epicúreos, para detallar lo relativo al pensamiento ético, ampliando y mostrando algunos errores. O, mejor dicho, completando lo que más de mil años atrás no fue posible detallar. Así que no tomemos la filosofía estoica como una fuente sólida de conocimiento, ya que posteriormente ha sido adaptada, ampliada y criticada. Lo que nos interesa a nosotros es la parte práctica, cómo aplicarla en nuestro día a día, como veremos más adelante.

La ética estoica

El objetivo de los estoicos era llevar una vida buena, es decir, virtuosa, y por lo tanto feliz. El propósito era alcanzar la eudemonía. Según Aristóteles, una vida eudemónica era una de «actividad virtuosa de acuerdo con la razón». Epicuro consideraba que el placer era virtud, por lo que una vida de placer era una vida eudemónica. Como planteamiento parece un punto de partida sólido para conseguir muchos seguidores para tu corriente de pensamiento. Parece extraño que alguien se planteara desarrollar otra filosofía una vez descubierta ésta. El problema es que la realidad es tozuda y a menudo no permite acceder al placer, o un exceso de placer puede provocar un gran dolor cuando se termina.

> Puedes ignorar la realidad, pero no puedes ignorar las consecuencias de ignorar la realidad.
>
> AYN RAND

Con este sustrato, el estoicismo se fundamenta en que la virtud es lo que nos proporcionará la felicidad. Es decir, la búsqueda de la felicidad era la motivación para ser virtuoso. Y ser virtuoso para los estoicos es lo mismo que actuar de manera correcta. Actuar de manera correcta, finalmente, es actuar de acuerdo con la naturaleza. Si lo hacemos, si somos virtuosos, seremos felices. Por consiguiente, para entender cómo alcanzar la virtud y, por tanto, la felicidad, es importante entender cómo definen los estoicos conceptos morales relativos, como el bien y el mal.

Partiendo de las enseñanzas de Sócrates, para los estoicos la infelicidad y el mal son el resultado de la ignorancia humana. Básicamente de no usar la razón. Y más específicamente, la razón en la naturaleza. Cuando alguien se porta mal es porque no sabe cómo usar la razón. Ésa es la conclusión de un estoico. La verdad y la razón eran la base de la moral. Así pues, la solución al mal y la infelicidad es sencilla. Cada uno debe analizar continuamente su comportamiento y los razonamientos que le han llevado al mismo, para determinar en qué momento éstos no han seguido la razón universal de la naturaleza. O, dicho de modo práctico, para poder aprender cómo comportarnos, debemos descubrir cuándo las emociones, los placeres, el miedo, el dolor o el deseo han influido negativamente en la toma de decisiones.

Veamos un ejemplo: el suicidio. Mientras en algunas religiones es un acto inmoral, los estoicos podían considerar el suicidio como una decisión buena para una determinada persona, si racionalmente llegaban a la conclusión de que las circunstancias le impedían vivir una vida virtuosa. También si se sufría de un dolor intenso o una enfermedad que imposibilitaba alcanzar la calma necesaria. También cuando el entorno nos nubla la razón, como decía Plutarco que le pasó a Catón el Joven viviendo bajo la tiranía. En general, para el resto de los casos, el suicidio no estaba aceptado, al suponer negarse a cumplir con nuestro deber como parte de un todo.

Para poder proporcionar un listado de acciones prácticas y aplicables, la escuela estoica intentó definir la bondad y maldad de múltiples aspectos de la vida cotidiana. Otra herramienta práctica era entender, para casos como el ejemplo anterior del suicidio, cuándo considerarlos en un extremo o en otro, acciones buenas o malas. Clasificar por tanto las acciones como convenientes o erróneas, implicaba crear una tercera categoría: las acciones indiferentes. Se definían como tales aquellas acciones que ni estaban prohibidas, por no afectar a la moral, ni eran de necesario cumplimiento para alcanzar la verdad. Las veremos con más detalle cuando hablemos de cómo aplicar el estoicismo en nuestras vidas.

Recordemos que Zenón entendía que vivir según la virtud, la naturaleza, era una fuente de poder. Por eso le parecía incorrecto el desprecio de los cínicos por comportamientos tan humanos como la investigación, nacida de la curiosidad. Es cierto que no es mediante la investigación que se consigue la felicidad, pero eliminarla de la ecuación va en contra de una de las cuatro virtudes, el coraje. Como explica el sesgo humano de la aversión a la pérdida, nos afecta más perder que ganar. Kahneman y Tversky demostraban que una pérdida nos hace sufrir más del doble que el disfrute que obtenemos de una ganancia equivalente. Los estoicos ya se planteaban que era necesario impulsar virtudes como la del coraje para enfrentarse a este sesgo, a este sistema de toma de decisiones que viene de fábrica con los seres humanos.

> Nada es tan grave como parece cuando lo piensas.
>
> DANIEL KAHNEMAN

En resumidas cuentas, el destino de los seres humanos era vivir de acuerdo con la naturaleza, para poder ser felices. Para vivir de este modo era imprescindible la búsqueda de la verdad. ¿Por qué este interés en la verdad, la razón y la naturaleza? Recordemos de nuevo el momento en el que nace el estoicismo. Una época donde los dioses han sido la base para explicar todo aquello que no se entiende. El interés de los estoicos en buscar la verdad en la naturaleza y plantear un materialismo determinista nace de su necesidad de crear un contrapeso práctico a los movimientos en los que una o varias deidades decidían qué estaba bien o mal arbitrariamente. Este determinismo implicaba asumir que la libertad residía en aceptar el destino, ya que este destino estaba ligado a las leyes naturales, a la relación entre causa y efecto. Aceptar el destino implicaba también dejar de confiar en los dioses caprichosos como fuente de solución a los problemas, y comenzar a confiar en las propias acciones de los hombres al respecto. Tomar las riendas de la propia vida.

La ética estoica se parece en cierto sentido al conocido proverbio de origen chino: «Si tu problema tiene solución, ¿por qué te preocupas? Y si no la tiene... ¿Por qué te preocupas?».

Esta despreocupación se traducía de manera práctica en evitar el *pathos*, las pasiones o emociones que podían afectar a la tranquilidad y la razón. Para los estoicos el *pathos* se reducía a cuatro emociones: placer, tristeza, dolor y temor. Y la manera de evitar o controlar esas emociones era trabajar el autocontrol consciente, a partir de la razón. ¿Cómo? Preguntándose qué podemos controlar y qué no podemos controlar en cada situación. Lo que no podemos controlar es parte de nuestro destino determinista, que debemos aceptar tal y como viene. Lo que podemos controlar es cómo nos sentimos ante esos hechos inevitables. Y debemos hacerlo utilizando la razón, para volver al estado de tranquilidad y calma deseado.

En resumen, los estoicos aceptan que las emociones no se pueden evitar, ya que somos seres humanos con emociones. Pero reconocen que sí podemos elegir cómo reaccionamos ante ellas, controlando el sufrimiento que nos puedan generar. Las personas que no son capaces de aprender a controlar sus emociones o cómo reaccionar ante ellas son consideradas ignorantes. Es decir, son gente que desconoce la razón universal, las herramientas básicas de la naturaleza, no entiende las relaciones de causa y efecto. Esta gente es totalmente lo opuesto al concepto del sabio que utiliza la razón para que las emociones no le controlen. Siguiendo este planteamiento, la infelicidad y la maldad son en realidad el resultado de la ignorancia. Por lo tanto, se pueden revertir practicando la filosofía de los estoicos, es decir, usando la razón para entender nuestro comportamiento y aprender técnicas para que las emociones no nos afecten.

> Fui a los bosques porque quería vivir deliberadamente; enfrentar solo los hechos esenciales de la vida y ver si podía aprender lo que ella tenía que enseñar. Quise vivir profundamente y desechar todo aquello que no fuera vida… para no darme cuenta, en el momento de morir, de que no había vivido.
>
> HENRY DAVID THOREAU

Para los estoicos existían cuatro virtudes cardinales: sabiduría, coraje, justicia y templanza, que se adoptan a partir de los planteamientos de Platón. Las analizaremos más adelante en detalle cuando veamos cómo aplicar el estoicismo en nuestra vida de manera práctica.

La lógica estoica

Dado que alcanzar la moral deseada implicaba usar la razón, la lógica era una herramienta muy importante para los estoicos. Partiendo de la definición de Aristóteles de la inducción como «un tránsito de las cosas individuales a los conceptos universales», aplicaron la lógica inductiva. Al ir de lo particular a lo general, lo que suponía a menudo no poder afirmar con rotundidad, utilizaron también un sistema deductivo basado en silogismos, desarrollado por Crisipo. Finalmente, herramientas como la retórica, la dialéctica, la gramática o la epistemología son parte importante de la lógica estoica.

La retórica era la «ciencia del discurso» desde la época de Aristóteles. Estudiaba el uso del lenguaje como herramienta de persuasión, además de herramienta de comunicación. La dialéctica era el arte de la argumentación. Desarrollar una tesis, proponer una antítesis y de la confrontación de ambas obtener una resolución o síntesis que permitía generar nuevo conocimiento. Los clubes de debate, por ejemplo, trabajan mucho el poder defender posturas contrapuestas. La gramática era el estudio general del lenguaje, el arte de las letras. Abarcaba ortografía, sintaxis, interpretar textos e incluso hacer crítica literaria. Era importante tener un sólido y profundo dominio del lenguaje para poder convencer y entender con la razón. Finalmente, la epistemología estudia el conocimiento en general, o más específicamente el conocimiento científico. Es decir, el conocimiento como intersección de verdad y creencia bajo unas determinadas premisas. Esto incluye los criterios que hacen un conocimiento verdad, y las definiciones básicas imprescindibles como verdad, realidad, objetividad o justificación. El pensamiento crítico se basa en un adecuado uso del método científico. Así que debatir y argumentar, con un profundo conocimiento del lenguaje y una sólida y rigurosa aplicación del método científico, hacían a las personas virtuosas y felices.

> La epistemología es un juicio verdadero acompañado dc razón.
>
> PLATÓN, *Teeteto*

> Platón es mi amigo, pero la verdad es un amigo mucho mejor.
>
> ARISTÓTELES, *Ética nicomáquea*

Respecto a la lógica, trabajaron profusamente en desarrollarla. Susanne Bobzien explicaba como «Crisipo dejó una obra escrita de más de trescientos libros sobre lógica. Trató de prácticamente cualquier tema de interés para un estudioso actual de la lógica. Análisis de oraciones, expresiones singulares y plurales, tipos de predicados, proposiciones existenciales, conectores de oraciones, negaciones, disyuntivas, condicionales, teoría de la deducción, lógica proposicional, lógica modal, lógica del tiempo, lógica epistémica, lógica de las suposiciones, lógica de los imperativos, ambigüedad e incluso paradojas». Para entender mejor el impacto de la lógica y la retórica en nuestros días, nada como leer otra obra de esta misma colección, *El pequeño libro de la comunicación eficaz*, de Mikael Krogerus y Roman Tschäppeler.

A partir de la lógica diseñan una explicación del funcionamiento del universo lo más coherente posible. En primer lugar, consideraron que el universo estaba ocupado por seres vivos o existentes, que eran materiales, así como por elementos inmateriales. Los inmateriales eran tiempo *(chronos)*, lugar *(topos)*, vacío *(kenon)* y el sentido de las palabras *(lekton)*. No está muy claro qué criterio utilizaban para determinar por qué estos cuatro elementos y no otros tenían esta condición de inmateriales o incorpóreos. Tampoco está claro si existía una tercera categoría de ni corpóreos ni no corpóreos, igual que veremos los indiferentes. Pero estos cuatro eran la base del mundo inmaterial.

Hemos señalado ya la importancia del fuego para los estoicos. La energía estaba muy presente en sus razonamientos. Así, para explicar fenómenos de la naturaleza, sostenían que si un objeto estaba caliente era porque algo inmaterial caliente había entrado en el objeto. Entender los cambios de estado era importante, y desligaban el objeto material del proceso que había pasado para cambiar de estado. Recordemos que las herramientas de razonamiento que usaban han perdurado hasta nuestros días, pero que la tecnología disponible para entender el universo era bastante limitada en aquel momento.

Hablamos de una época donde gente como Eratóstenes era capaz de demostrar que la Tierra es redonda, e incluso calcular su circunferencia, pero lo hizo midiendo la sombra de un palo en el suelo. Es más, muchos de los desarrollos técnicos de esa época se olvidaron durante los siglos posteriores. Los primeros sistemas de saneamiento se encontraron en Oriente Medio cuatro mil años a.C. En Atenas, Corinto o Roma se diseñaron sistemas que llevaron a los Monty Python a hacer un chiste en *La vida de Brian* sobre qué les habían traído los romanos (acueductos, alcantarillado). No volveremos a ver algo igual hasta Hamburgo en 1842, y tímidos intentos a principios de ese mismo siglo XIX en Londres. Eso sí, motivados por una epidemia de cólera y el Gran Hedor. Hicieron falta grandes incentivos para recuperar un sistema de éxito probado dos milenios atrás en el tiempo. ¿Por qué se perdieron estas enseñanzas tan valiosas?

El desafío central al estudiar el pensamiento estoico es principalmente la escasez de evidencia textual. Casi no llegaron textos de los orígenes, cuando se asientan los pilares de la filosofía como tal. Y lo que queda son evidencias de segunda mano, a menudo de fuentes hostiles a sus puntos de vista. Por eso no queremos detenernos mucho en esta parte, más allá de proporcionar las bases de la erudición estoica, ya que detallarla es como completar un puzle a partir de evidencias e interpretaciones contradictorias.

Sin embargo, el motivo para entrar en estas clasificaciones era básicamente poder entender el entorno, el universo, tanto para definir qué estaba bajo nuestro control y qué no para entender cómo usar estas cosas para hacer el bien y alcanzar la felicidad.

> Las cosas que tenemos bajo nuestro control son la opinión, la búsqueda, el deseo, la aversión y, en una palabra, cualesquiera que sean nuestras propias acciones. Las cosas que no están bajo nuestro control son el cuerpo, la propiedad, la reputación

> y, en una palabra, las que no sean nuestras propias acciones.
>
> EPICTETO, *Enquiridión*

> Hazte una definición o descripción de la cosa que se te presenta, para ver claramente qué tipo de cosa es en su sustancia, en su desnudez, en su totalidad, y repite para ti mismo su nombre propio y los nombres de las cosas de las que se ha compuesto y en las que se separará. Porque nada es tan productivo para la elevación de la mente como poder examinar metódica y verdaderamente cada objeto que se te presenta en la vida, y siempre mirar las cosas para ver al mismo tiempo qué tipo de universo es éste, y qué tipo de uso tiene todo en él, y qué valor tiene todo en relación con el todo.
>
> MARCO AURELIO, *Meditaciones*

Así pues, definen cuatro categorías. La primera es la materia prima, la sustancia que conforma las cosas. La siguiente es la calidad, que explica cómo se organiza la materia para dar forma a un objetivo. La tercera es cómo está dispuesto, las características del objetivo como el tamaño o la forma, que pueden ser diferentes en objetos de la misma sustancia y calidad. Finalmente, la cuarta es la disposición en relación con otra variable, como el tiempo o su posición relativa a otros objetivos en el espacio.

En cuanto a la epistemología, buscaban el conocimiento por medio de la razón. La razón permitía distinguir la verdad de las falacias. Para obtener conocimiento usamos la mente, que tiene capacidad de juzgar, es decir, de aprobar o no. ¿Qué aprobamos o rechazamos? Impresiones, esto es, juzgamos usando lo que nuestros sentidos perciben, que son sensaciones sobre lo que pasa a través de los objetos, luego a través de los sentidos y finalmente llega a nuestra mente, donde dejan una impresión. Las impresiones más débilmente aprobadas son creencias u opiniones *(doxa)*. La razón no tiene argumentos suficientes, pero las acepta. Cuando la razón nos proporciona comprensión del fenómeno, hablamos de *katalepsis*. El estoico busca el *episteme*, la verdad, alcanzar el conocimiento verdadero. Para ello, como animal parte de una comunidad, debe contrastar con otros pensadores. Ya entonces tenían claro que hacer ciencia uno solo no era una buena idea, y que la revisión por pares era vital para avanzar en el conocimiento. Pioneros.

Este planteamiento es coherente con lo que hemos visto de los estoicos hasta el momento. Para conocer la verdad de la naturaleza deben usar herramientas que eviten que las emociones afecten. Por eso adoptan parte de las herramientas de los escépticos. También son conscientes de que el método aristotélico de partir de premisas y alcanzar conocimiento mediante un proceso deductivo depende de que las premisas sean ciertas, y no hipotéticas. Ellos, que consideran que la virtud moral y la felicidad se alcanzan con el saber, llevan las premisas de hipótesis a certeza basados en las impresiones y el consenso del grupo. Esto sabemos que hay que tomarlo con mucho cuidado, ya que a menudo la ciencia avanza contra el consenso, y tomar las hipótesis como certezas mientras se demuestran puede traer serias complicaciones.

La física estoica

Para desarrollar su teoría física de la naturaleza se basaron en las enseñanzas de Heráclito. La física para los estoicos es el estudio de la naturaleza en su totalidad, material e incorpórea. Recordemos que sin los procesos inmateriales era imposible explicar gran cantidad de fenómenos. Para los estoicos la base de la naturaleza es un fuego creador, es decir, energía que da vida. En el Universo hay una sustancia material, el logos o *hegemonikon*, que podía ser entendido indistintamente como Naturaleza o Dios. Curiosamente, aunque según Frederick Brenk los estoicos no adoraban a este Dios, ni existía ningún tipo de culto relacionado, sí que lo usaron para degradar, e incluso conseguir hacer desaparecer a los demás dioses. Y el hecho de usar el concepto de Dios facilitaba también atraer a interesados de otras filosofías, para luego inesperadamente cambiarles el paso.

> El universo mismo es Dios y la efusión universal de su alma; es el principio rector de este mismo mundo, que opera en la mente y la razón, junto con la naturaleza común de las cosas y la totalidad que abarca toda la existencia; luego el poder preordenado y la necesidad del futuro; luego el fuego y el principio del éter; luego aquellos elementos cuyo estado natural es de flujo y transición, como el agua, la tierra y el aire; luego el sol, la luna, las estrellas; y la existencia universal en la que están contenidas todas las cosas.
>
> CRISIPO, en CICERÓN, *De Natura Deorum*

Esta sustancia se dividía en activa o pasiva. La activa era el Destino o la Razón Universal. Una especie de éter, o más a menudo explicado como ese fuego original, que influía en la materia pasiva. De este modo conseguían explicar la importancia de entender la «verdad de la naturaleza». Como el universo es un conjunto en armonía, explicable por la evolución de causas y efectos, debe haber un principio rector, un Logos universal. Conocido también como *moira* (destino), *pneuma* (espíritu) o *physis* (naturaleza), lo que se buscaba transmitir era la existencia de un poder creador que mantenía el sistema en funcionamiento, del que nadie podía escapar y que funcionaba con una lógica racional. Combinado con la sustancia pasiva, que era la materia explicada antes, ya teníamos toda la naturaleza explicada con este materialismo. Una no tenía sentido sin la otra.

> La materia permanece inactiva, una sustancia lista para cualquier uso, pero que seguramente quedará sin empleo si nadie la pone en movimiento.
>
> SÉNECA

> Tú crees en el Dios que juega a los dados y yo creo en la ley y la ordenación total de un mundo que es objetivo.
>
> ALBERT EINSTEIN

El resultado era una cosmogonía sólida y coherente con su discurso. El Destino *(fatum)* es la ley que impera, impuesta por el Universo a partir del Logos y de la materia pasiva existente. Las almas de los seres humanos nacen del Fuego primordial y todo está conectado. Ya tenemos una explicación sólida y plausible de cómo funciona todo. Una que encaja con las enseñanzas de la filosofía estoica. Vamos a ponerla a prueba.

¿Cómo es posible entonces, si hay un destino determinado, que exista el mal? Porque el alma al nacer es una tabla rasa. Al alcanzar una edad se puede razonar, como hemos explicado antes (impresiones y sentidos). El objetivo de la vida es la virtud, vivir de acuerdo con la naturaleza y el destino determinado por el Logos y entendible por las relaciones de causa y efecto que podemos encadenar. Esta concepción de la existencia es muy parecida a la hindú en ciertos sentidos. No hay azar, simplemente no se conoce todo lo necesario para entender las relaciones de causa efecto subyacentes. Tampoco hay principio ni final, es un proceso cíclico e infinito, en el cual los seres humanos, al menos, poseemos una pequeña parte del Logos divino que rige el Universo. Esta descripción era la base de la importancia para llevar una vida virtuosa y moral, usando la lógica y la ética. Ser estoico, por tanto, parece inevitable. Como Thanos.

De los antiguos a los modernos estoicos

Hemos intentado en esta primera parte introducir los aspectos básicos de la filosofía estoica, sin entrar en demasiado detalle, simplemente dando pinceladas de sus motivaciones y la estructura de su pensamiento y herramientas. Esto nos permitirá entender mejor cómo aplicar sus enseñanzas prácticas y el impacto que están teniendo éstas y su pensamiento en la actualidad, como ya había ocurrido hace cuatro siglos.

Algunas diferencias importantes en la evolución de este pensamiento se centran en el concepto de felicidad, por ejemplo. Para los estoicos originales ser bueno era vivir con la razón de la naturaleza, porque según ellos la naturaleza era buena *per se*. Esto era un pilar de su definición del funcionamiento del Universo. La idea de un Universo determinista, organizado bajo una fuerza como el Destino, es complicada de sostener hoy en día, por más que Einstein postulara que Dios no juega a los dados.

Así que seguir la naturaleza humana o vivir en base a la razón de la naturaleza, o definir la virtud y la moral en función de la razón y la naturaleza, no nos son de mucha ayuda en la actualidad. Como comentábamos antes, estas discusiones son complicadas de mantener incluso para los expertos, ya que la mayoría de los textos originales no están disponibles de primera mano.

Lawrence Becker plantea que, igual que en el neoestoicismo se adaptó el original para integrarlo con el cristianismo, algo parecido está ocurriendo en la actualidad. Por ejemplo, hablaríamos de seguir los hechos y no contradecir a la ciencia. La virtud originalmente era una variable categórica, se tenía o no se tenía, blanco o negro. Ahora el camino del estoicismo busca ser poco a poco cada vez más virtuoso, sin necesariamente intentar llegar al extremo que podían plantear los antiguos. Los preceptos de virtud, felicidad y hacer el bien, así como la responsabilidad personal y el control de las emociones, siguen vigentes. Aquí la clave está en determinar qué es el éxito, la felicidad o la virtud en cada caso personal. En muchos casos, el éxito consiste en alcanzar los objetivos personales planteados, y a menudo el camino comienza con tener dichos objetivos bien definidos.

Aunque es cierto que parte del camino se puede realizar mediante técnicas que nos ayudan a sobrellevar la adversidad a base de recrearla, no es estrictamente necesario. Este proceso, denominado «malestar necesario» por William Irvine, se basa en renunciar conscientemente a comodidades para experimentar dolor o incomodidad de una manera similar a la que podremos enfrentar más adelante en nuestra vida. En este caso al ser controlada y provocada, se busca que cuando se produzca de modo no esperado ni deseado, estemos preparados al ser una situación ya experimentada. Además de haber reducido de este modo la incertidumbre.

El estoicismo contemporáneo se refiere a las corrientes culturales del siglo XX y posteriores que reviven elementos del estoicismo. El término «estoicismo contemporáneo» abarca tanto el renacimiento del interés por la filosofía estoica como los esfuerzos filosóficos por ajustar el estoicismo antiguo al lenguaje y al marco conceptual del presente. El renacimiento del estoicismo en el siglo XX se remonta, como ya hemos comentado, a la publicación de *Problems in Stoicism* de A. A. Long en 1971. Posteriormente se alimentará del creciente interés por la ética de la virtud a finales del siglo XX.

Los trabajos de filósofos modernos, tales como Philippa Foot, Alasdair MacIntyre o Martha Nussbaum, han vuelto a poner sobre la mesa la ética de la virtud como una alternativa a los enfoques dominantes, como el kantiano-deontológico o el utilitario-consecuencialista. Primero, la crisis del petróleo a principios de los años setenta. Después, cualquier película sobre el Wall Street de los años noventa retrata bien a los *Young Upcoming Profesionals* o *yuppies*. Obsesionados con el dinero, trabajando en las altas finanzas, se encuentran de nuevo inmersos en una guerra en Irak que cambia la percepción de una generación que había visto caer el Muro de Berlín en 1989. El estoicismo contemporáneo se alimenta también a nivel académico, con un notable aumento de las publicaciones académicas sobre el estoicismo. La generación del milenio crece en un entorno de globalización y digitalización que, por su rapidez, inmediatez e impacto en las relaciones sociales, ya permitía vislumbrar que el estoicismo daría el salto del mundo académico al gran público más pronto que tarde.

El movimiento estoico actual bebe del clásico para producir herramientas útiles que faciliten alcanzar una vida feliz. El *coaching* moderno y los manuales de autoayuda compiten y se complementan, según autor y obra. No es descabellado considerar al estoicismo como la fuente de las primeras guías de autoayuda de la historia.

Curiosamente, nada que no esté bajo el manto de la psicología moderna en algunas de sus ramas, o de los estudios de una conocida marca de refrescos enfocada a vender felicidad (tanto que incluso patrocinaba un Instituto de la Felicidad). También se alimenta de estoicismo la obra del doctor Albert Ellis, que desarrolló la terapia racional emotiva del comportamiento, así como la de Aaron T. Beck. Éste es ampliamente considerado el padre de la terapia cognitivo-conductual (TCC), al menos en sus primeras versiones. La filosofía estoica fue, por tanto, la inspiración filosófica original de la psicoterapia cognitiva moderna. El manual original de tratamiento de la depresión con TCC de Beck afirma que «los orígenes filosóficos de la terapia cognitiva se remontan a los filósofos estoicos». Una conocida cita del *Enquiridión* de Epicteto fue mostrada a los pacientes durante la sesión inicial de la terapia racional emotiva conductual (TREC) por Ellis y su equipo: «No son los acontecimientos los que nos alteran, sino nuestros juicios sobre los acontecimientos».

La influencia del estoicismo en la psicoterapia moderna, en particular en la TREC y la TCC, se describió con detalle en *The Philosophy of Cognitive-Behavioural Therapy* (La filosofía de la terapia cognitivo-conductual) de Donald Robertson. Además, varios psicoterapeutas de principios del siglo XX se vieron influidos por el estoicismo. Por ejemplo, la escuela de «persuasión racional», fundada por Paul Charles Dubois. El neurólogo y psicoterapeuta suizo se basaba en el estoicismo. En su práctica clínica recomendaba a sus clientes estudiar a Séneca como parte de sus tareas.

El movimiento moderno del estoicismo se apoya en gran medida en las redes sociales y en las comunidades online. Uno de los sitios clave es el sitio web del estoicismo moderno, que alberga el blog *Estoicismo Hoy* y acoge los eventos anuales de la Semana Estoica (online) y el Stoicon (offline). Otro lugar importante es la Nueva Estoa, posiblemente la primera comunidad estoica que sigue funcionando en Internet en el siglo XXI tras su creación en 1996. Podcasts clave que hayan hablado del estoicismo aplicado al pensamiento moderno son el *Stoic Solutions Podcast*, presentado por Justin Vacula, el *Practical Stoic Podcast*, presentado por Simon Drew y *The Sunday Stoic*, de Steve Karafit.

Massimo Pigliucci, William B. Irvine, John Sellars, notables estudiosos del estoicismo, han creado blogs personales de referencia. También terapeutas que exploran su aplicación práctica en la clínica (Donald Robertson). Y, por supuesto, los medios y webs más populares se han hecho eco y han incluido artículos sobre la temática.

Hay una variedad de encuentros y grupos estoicos con sede en lugares de todo el mundo. En Europa: Dublín, Edimburgo, Helsinki, Lisboa, Londres o Varsovia. En EE. UU.: Denver, Milwaukee, Nueva York, Orlando o San Francisco. Además, países como Canadá, Australia y muchos más han visto crecer el estoicismo en el siglo XXI con la aparición de eventos como campamentos estoicos para el estudio y la práctica. Según E. O. Scott, «podría decirse que el lugar de reunión más importante e influyente para los estoicos modernos (online) es el "grupo de estoicismo" en Facebook de [unas] 40.000 personas (en enero de 2019)». El grupo análogo de Reddit ha acumulado unos 431.000 usuarios (a fecha de 26 de diciembre de 2021).

El estoicismo moderno se aplica en todos los sectores. Según la revista *Forbes*, el pensamiento estoico moderno «es una promesa fascinante para los líderes empresariales y gubernamentales que abordan los problemas globales en una turbulenta depresión posterior a la recesión». Como contrapunto, académicos estoicos como Kai Whiting y Leonidas Konstantakos avisan del riesgo del «estoicismo de la vida» o del «estoicismo de Silicon Valley», asociado a las *big tech*, las grandes compañías tecnológicas trillonarias del siglo XXI, que han hecho una filosofía y casi una religión de trabajar programando como si no hubiera más en la vida porque están cambiando el mundo. También está presente el estoicismo en los grandes movimientos de inicio de siglo, como la defensa del cambio en la sociedad. Existen similitudes entre el estoicismo en su diseño y aplicación modernos y la TCC de la tercera ola. El estoicismo se aplica en el tratamiento de la depresión con notables resultados.

La explosión del interés por el estoicismo en los últimos diez años puede parecer improbable al principio, pero tiene mucho sentido una vez que consideramos el atractivo central que tiene. Como señala Jules Evans —filósofo que ayudó a educar a la gente sobre el estoicismo y su relación con la terapia cognitivo-conductual (TCC) en su libro *Filosofía para la vida y otras situaciones peligrosas*—, «el estoicismo es popular ahora porque la gente se siente fuera de control [...]. El estoicismo dice que hay que aceptar que no se puede controlar el mundo exterior, pero que se puede encontrar una medida de serenidad y felicidad y sentido moral centrándose en lo que está bajo su control, sus propias creencias y acciones».

El estoicismo surgió y se popularizó en tiempos difíciles y de prueba: la ciudad Estado griega se estaba desmoronando, el mundo ya no parecía estable y el cambio (y el caos) estaba en todas partes. Del mismo modo, para muchas personas hoy en día, nuestro mundo se siente fuera de control en muchos aspectos: social, político y medioambiental. Pero la filosofía estoica enseña a las personas a llevar una vida feliz y tranquila a pesar de ello, centrándose en lo que está bajo nuestro control. Enseña cómo se puede tener una buena vida en tiempos malos o estresantes, incluso si parece que el mundo se desmorona.

En esta obra, como apuntamos ya en la introducción, no pretendemos ser exhaustivos ni academicistas. Los estoicos no renunciaban a los placeres, y el objetivo no es ser ascetas ni aplicar todas las enseñanzas que, como hemos visto, nacen en un contexto muy distinto al nuestro. Sin embargo, hay muchas herramientas, técnicas, enseñanzas y textos que sí pueden ser de ayuda a cualquier persona en su día a día, para mejorar en la búsqueda de una vida más tranquila, más feliz y virtuosa.

En eso nos vamos a centrar.

Cómo aplicar el estoicismo en nuestro día a día

Uno de los motivos por los que el estoicismo es tan fácil de entender y adoptar es por la cantidad de enseñanzas prácticas que, adaptadas adecuadamente, siguen siendo válidas. Gran parte de los eventos, como las Stoicon (conferencias o congresos de estoicos, al estilo de las Comicon, congresos de comics) o las Semanas Estoicas, están enfocadas en la aplicación práctica de la filosofía estoica para conseguir llevar una vida más plena y virtuosa.

Múltiples manuales modernos sobre estoicismo tratan específicamente sobre la aplicación de las enseñanzas estoicas, sin entrar en exceso en el entendimiento de los detalles más académicos y profundos de esta escuela de pensamiento. Aunque en el siguiente capítulo hablaremos de referentes y sus obras, son de resaltar los trabajos de Ryan Holiday con Haselman en su *Diario para estoicos*, con 366 sencillas enseñanzas diarias. Massimo Pigliucci prefiere proponernos aprender por semanas y junto a Gregory Lopez diseña 52 lecciones prácticas en su obra *Mi cuaderno estoico*. Donaldson o Irvine también han identificado la importancia de los manuales. Otras obras, como *El obstáculo es el camino* o *El ego es el enemigo*, ambas de Holiday, se enfocan más en profundizar en alguno de los aspectos específicos del estoicismo, con múltiples ejemplos históricos y planteando situaciones específicas.

En general, todas las obras básicamente adaptan las enseñanzas de los ya introducidos Séneca, Epicteto y Marco Aurelio a la vida moderna. A fin de cuentas, en el siglo XXI no nos planteamos cómo debe ser nuestra relación con el emperador o con un esclavo, pero eso no quita para que gran parte de las *Meditaciones* de Marco Aurelio sean reflexiones valiosas que podemos utilizar. ¿Por qué?

Porque los principales filósofos estoicos tenían como obsesión dar respuesta a preguntas que todavía nos seguimos planteando actualmente. Los antiguos estoicos resumieron su filosofía en una sola frase: «Vivir de acuerdo con la naturaleza», que tomaron como sinónimo de «vivir de acuerdo con la virtud». Para poder hacerlo se preguntaban: «¿Cómo podemos llevar una vida buena y virtuosa?». «¿Cómo controlar mis emociones?» «¿Cuál es el sentido de la vida?» «¿Cómo enfrentarme a las vicisitudes y problemas inevitables de la vida?» «¿Cómo tomar decisiones y resolver problemas?» «¿Cómo gestionar las relaciones con los demás?» Epicteto nos advierte que no sirve de nada memorizar respuestas a estas preguntas, ya que podemos encontrarnos en situaciones muy dispares donde tendremos que decidir cómo actuar de manera virtuosa, siempre teniendo en cuenta qué podemos controlar y qué no. La ética estoica y la gestión de las emociones se basan en este concepto. Y como podemos ver, es imprescindible una notable dedicación a la experimentación y la práctica para interiorizarlo. De ahí los seminarios, eventos y comunidades.

En este sentido podemos estar hablando de que Séneca, Epicteto y Marco Aurelio fueron los primeros *influenciadores*, que predicaban con el ejemplo —o como se dice en inglés, *walk the talk*—. No sólo divulgaban su pensamiento, sino que también utilizaban su estilo de vida para difundir su visión del mundo y cómo vivir en él. El *Enquiridión*, con los discursos de Epicteto, fue creado, de hecho, como un manual al respecto.

> Si no aprendiste estas cosas para demostrarlas en la práctica, ¿para qué las aprendiste?
>
> EPICTETO

Al igual que esas preguntas siguen vigentes en nuestra vida, las respuestas que dieron los estoicos también son de gran ayuda en la actualidad. Como ya hemos explicado, según avanzamos en el tiempo los estoicos se dedican menos a dar vueltas a abstracciones arcanas, para enfocarse en diseñar una colección de principios y técnicas para vivir bien. Muchas relacionadas con la adaptación hedónica, es decir, la tendencia de los seres humanos a adaptarse a las circunstancias, ya sean éstas positivas o negativas. Pero la capacidad de adaptarse tiene también una parte positiva y una negativa. Cuando nos acostumbramos a algo, sobre todo si nos genera placer, cada vez necesitamos más para obtener el mismo efecto; o nos aburrimos y buscamos algo nuevo. Los estoicos denominaban a esto insaciabilidad, y también trabajaron para gestionarlo.

Hay otro motivo por el cual la aplicación práctica es la base de esta filosofía en particular. Uno es estoico porque vive de acuerdo con las enseñanzas de esta escuela, si considera la virtud la guía de su comportamiento. Somos estoicos si estamos de acuerdo con las doctrinas centrales, no necesariamente todas, pero sobre todo si vivimos de acuerdo con ellas.

Ya decíamos al principio, en la definición, que no debemos confundir las personas que son estoicas tal y como define la primera acepción de la RAE, por un rasgo de personalidad, con las personas que son estoicas por seguir una filosofía. Las primeras pueden ser perfectamente respetables y admirables, incluso en algunos aspectos de su vida nos pueden servir de modelo sobre cómo actuar en ciertas situaciones de manera virtuosa. Pero ojo, a menudo la disciplina o el coraje son rasgos que traen en la mochila ambición, vanidad o codicia. Y estas características también se asocian a gente con resiliencia, disciplina o control de algunas pasiones, a personas que nada tienen de estoicos ni de virtuosos.

En este apartado vamos a conocer las principales enseñanzas y cómo aplicarlas de manera práctica. Para empezar, los principios básicos del estoicismo se pueden aprender centrándonos en vivir según la naturaleza —algo que ya habíamos comentado—, la práctica de tres disciplinas —deseo, acción y asentimiento—, y la dicotomía del control. A partir de aquí hay diversas técnicas más específicas, como la visualización negativa o la meditación, que nos ayudarán a desarrollar hábitos diarios para transformar nuestra vida.

Como podremos comprobar están íntimamente imbricadas unas con otras, relacionadas entre sí. Así, *memento mori* (recuerda que vas a morir) está relacionado con el *amor fati* (aceptar el destino), y ambos nos ayudan a tomar mejores decisiones aceptando la dicotomía del control. Lo cual también ayuda a que el estoicismo sea fácil de entender y de practicar.

Vivir según la naturaleza para alcanzar la felicidad

> Cada gran poder es peligroso para el principiante. Por lo tanto, debes sostenerlo como si estuvieses capacitado, pero en harmonía con la naturaleza.
>
> EPICTETO

El concepto «vivir según la naturaleza» se puede entender de diversas maneras. La más evidente es que es imprescindible entender la naturaleza humana y cómo funciona el mundo. Los estoicos comparaban continuamente a los humanos con los animales, para remarcar las diferencias del hombre como animal con capacidad de razonar. También tenían en cuenta que somos animales sociales. Vivimos en sociedad y dependemos de los demás miembros de ésta.

Otra visión al respecto es que lo que nos permite razonar y trabajar en equipo es resolver problemas utilizando ambas características. Por lo tanto, para los estoicos vivir de acuerdo con la naturaleza significaba resolver problemas sociales usando la capacidad de razonar, algo que se acerca medianamente a la definición de economía (ciencia social que estudia cómo tomamos decisiones para resolver problemas gestionando recursos limitados de la manera más eficiente posible).

Una tercera visión, ya desde la antigua Grecia, identificaba la naturaleza del hombre con la libertad. La naturaleza humana real, lo que vivimos, depende de nuestras elecciones en libertad.

> ¿Qué es el Hombre? Un animal racional, sometido a la muerte. Por eso preguntamos: ¿de qué nos distingue el elemento racional? De los animales salvajes.
>
> EPICTETO

Como explicaban Pigliucci y Lopez, «para decidir cuál es la mejor forma de vivir (ética), hay que entender cómo funciona el mundo (física) y razonar adecuadamente sobre ello (lógica)». Las herramientas eran imprescindibles y por eso los estoicos iban desarrollando nuevas técnicas, apoyados en las de la generación anterior («a hombros de gigantes», que diría Newton).

Epicuro expone en una carta a Heródoto sus nociones sobre la naturaleza. Recordemos que era seguidor de Demócrito, y de la creencia en un universo infinito y eterno, formado por átomos y espacio vacío. Los átomos son elementos invisibles que se combinan para crear la naturaleza que percibimos con nuestros sentidos.

Séneca lo tenía claro. En *De la felicidad* escribió lo siguiente en el capítulo «Vivir según la naturaleza»:

> ¿Qué importa que el placer se dé tanto entre los buenos como entre los malos y no deleite menos entre los buenos como entre los malos y no deleite menos a los infames su deshonra que a los virtuosos su mérito? Por esto los antiguos recomendaron seguir la vida mejor, no la más agradable, de modo que el placer no sea el guía, sino el compañero de la voluntad recta y buena. Pues es la naturaleza quien tiene que guiarnos; la razón la observa y la consulta. Es lo mismo, por tanto, vivir felizmente o según la naturaleza. Voy a explicar qué quiere decir esto: si conservamos con cuidado y sin temor nuestras dotes corporales y nuestras aptitudes naturales, como bienes fugaces y dados para un día, si no sufrimos su servidumbre y no nos dominan las cosas externas; si los placeres fortuitos del cuerpo tienen para nosotros el mismo puesto que en campaña los auxiliares y las tropas ligeras (tienen que servir, no mandar), sólo así son útiles para el alma. Que el hombre no se deje corromper ni dominar por las cosas exteriores y sólo se admire a sí mismo, que confíe en su ánimo y esté preparado a cualquier fortuna, que sea artífice de su vida. Que su confianza no carezca de ciencia, ni su ciencia de constancia; que sus decisiones sean para siempre y sus decretos no tengan ninguna enmienda. Se comprende, sin que necesite añadirlo, que un hombre tal será sereno y ordenado, y hará todo con grandeza y afabilidad. La verdadera razón estará inserta en los sentidos y tomará allí su punto de partida; pues no tiene otra cosa donde apoyarse para lanzarse hacia la verdad y volver a sí misma.

Podemos comprobar en este párrafo la importancia para el estoicismo de hacer ejercicio, conocerse a uno mismo, usar el método científico y, además, ser crítico. Los estoicos reconocían la limitación de los sentidos para entender el mundo, pero, aun así, como un Rafael Nadal o un Edward Deming de la época, su objetivo vital era la mejora continua, en este caso aplicado a vivir la vida en vez de al deporte o la gestión empresarial. Esta limitación queda reflejada en el etnocentrismo, ese fenómeno por el cual intentamos entender el mundo a partir del conocimiento que tenemos de nosotros mismos.

> Y también el mundo que abarca todas las cosas, Dios rector del universo, tiende hacia las cosas exteriores, pero sin embargo vuelve a sí totalmente de todas partes. Que nuestra mente haga lo mismo; cuando se ha seguido a sus sentidos y se ha extendido por medio de ellos hasta las cosas exteriores, sea dueña de éstas y de sí misma. De este modo resultará una unidad de fuerza y de potencia, de acuerdo consigo misma; y nacerá esa razón segura, sin discrepancia ni vacilación en sus opiniones y comprensiones, ni en su convicción. La cual, cuando se ha ordenado y se ha acordado y, por decirlo así, armonizado en sus partes, ha alcanzado el sumo bien. Pues nada malo ni inseguro subsiste; nada en que pueda tropezar o resbalar. Lo hará todo por su propia autoridad, y nada imprevisto le ocurrirá, sino que todo lo que haga resultará bien, fácil y diestramente, sin rodeos al obrar; pues la pereza y vacilación acusan lucha e inconstancia. Por tanto, puedes declarar resueltamente que el sumo bien es la concordia del alma; pues las virtudes deberán estar allí donde estén la armonía y la unidad; son los vicios los que discrepan.

Hay un mito importante relativo a la felicidad y el éxito. Daniel Coyle analizaba en su libro *El código de la cultura* las características de las culturas que se suelen encontrar en los equipos de éxito. Un mito acerca de éstas es que generan entornos divertidos donde la felicidad es una parte fundamental. La realidad es muy diferente. Aunque son culturas llenas de energía y que favorecen el compromiso, las decisiones de sus miembros no están orientadas a alcanzar la felicidad, sino a resolver problemas entre todos los miembros de la organización. En oposición a esta idea, el estoicismo inculcaba el amor natural *(philostorgia)* por los demás, empezando en círculos por uno mismo, luego los más cercanos y terminando con toda la humanidad.

El objetivo de vivir según la naturaleza es tener una buena vida. No sólo los antiguos estoicos habían enfocado sus estudios en alcanzar este ideal. Históricamente hablando podemos considerarlo una constante universal. Thomas Jefferson desarrolló un escrito llamado *Diez reglas para una buena vida*:

1. Nunca dejes para mañana lo que puedes hacer hoy.
2. Nunca molestes a otro por lo que puedes hacer tú mismo.
3. Nunca gastes tu dinero antes de tenerlo.
4. Nunca compres lo que no quieres porque es barato; nunca será lo que querías.
5. El orgullo nos cuesta más que el hambre, la sed y el frío.
6. Nunca te arrepientas de haber comido muy poco.
7. Nada es problemático si lo hacemos voluntariamente.
8. No sufras por males que todavía no han sucedido.
9. Siempre toma las cosas por el lado bueno.

10. Cuando estés enojado, cuenta hasta diez antes de hablar; si estás muy enojado, hasta cien.

Múltiples estudios han demostrado que tener mucho dinero no hace a la gente más feliz. A partir de datos de más de trece mil hogares europeos sobre ingresos totales y satisfacción con la vida, se pudo comprobar cómo al alcanzar cierto nivel de riqueza ganar más no suponía mayor satisfacción. Si no tenemos cubiertas las necesidades básicas, entonces un incremento de riqueza sí impacta en la felicidad. Pero a partir de una mínima seguridad, la diferencia entre una persona de clase media y una persona de más ingresos es una casa más grande o un coche más caro, pero el estilo de vida es similar. De hecho, el gran problema para la gente con mucho dinero es el miedo a perderlo, cómo protegerlo, o el sufrimiento por las pérdidas.

El magnífico proyecto de Hans Rosling, *gapminder.org*, permite comparar gráfica y visualmente datos y familias de todo el mundo para poder saber dónde estamos comparativamente, eliminando perjuicios y sesgos. Esta herramienta está magníficamente explicada en su libro *Factfulness: diez razones por las que estamos equivocados sobre el mundo. Y por qué las cosas están mejor de lo que piensas.*

Séneca proponía un ejercicio muy sencillo. Al finalizar cada día, antes de dormir, dedicar un rato a preguntarnos cómo había sido el mismo, qué habíamos hecho bien, qué hubiéramos hecho de otro modo, cuándo habíamos perdido la compostura y por qué, qué nos había afectado negativamente… Tras esta reflexión, plantear cómo enfrentarnos a estas situaciones si se repetían, de manera que nos afectaran lo menos posible. Aprender cuáles son nuestras emociones, aprender a controlar las emociones y, en el peor escenario, aprender a controlar nuestro comportamiento, aunque no podamos controlar nuestras emociones.

Las tres disciplinas

Según Epicteto, hay tres disciplinas, tres áreas de estudio y conocimiento, que son imprescindibles para un buen estoico. En sus propias palabras:

> Hay tres campos de estudio en los que las personas que van a ser buenas y excelentes deben formarse. El primero tiene que ver con los deseos y las aversiones, para que nunca dejen de conseguir lo que desean ni caigan en lo que evitan; el segundo, con la elección y el rechazo y, en general, con el deber, para que actúen de forma ordenada, por buenas razones y no descuidadamente; el tercero, con evitar el error y la temeridad en el juicio y, en general, en los casos de asentimiento.

En resumidas cuentas, Epicteto considera que debemos estudiar los deseos, las elecciones y el asentimiento. Para poder enfrentarse a estas disciplinas es necesario practicar de manera recurrente. Ojo que Séneca nunca plantea nada parecido, esta división nace con Epicteto, y después será desarrollada por Marco Aurelio, quien es formado por discípulos del estoico.

Según algunos académicos, estas disciplinas pueden estar relacionadas directamente con las tres áreas de estudio de la filosofía estoica, es decir, física, ética y lógica. El primero, los deseos, se referiría a la física en el sentido del estudio de la naturaleza humana. El segundo, la elección y el deber, parece relacionado con la ética y la virtud. El tercero, el razonar de manera correcta y con buen juicio, se referiría con mucha seguridad al estudio tan extenso de la lógica, que se atribuye a los estoicos.

Las relaciones entre las tres disciplinas, los campos de estudio y las virtudes se pueden resumir de la siguiente manera:

- Deseo: referido a aceptar nuestro destino. Estudiado en la física estoica. Queremos conocer qué cosas desear y cuáles rechazar. Para ello desarrollaremos las virtudes de coraje (o valor) y templanza.

- Acción: referida a la filantropía o el amor a la humanidad. Estudiada en la ética estoica. Queremos aprender a comportarnos adecuadamente con los demás. Para ello desarrollaremos la virtud de la justicia.

- Asentimiento (o consentimiento): referido a tomar buenas decisiones. Estudiado en la lógica estoica. Queremos aprender a hacer juicios correctos. Para ello desarrollaremos la sabiduría.

Hay cierta controversia entre los principales autores modernos al respecto, por cierto. Mientras Holiday considera en su obra que las disciplinas son percepción, acción y voluntad, tanto Pigliucci como Robertson se refieren siempre a deseo, acción y asentimiento.

También hay cierta confusión sobre si los estoicos enseñan que debemos aceptar el destino (disciplina del miedo y el deseo) mientras simultáneamente actuamos sabiamente y con justicia (disciplina de la acción), es decir, reconcilian aceptar la realidad con tomar medidas para que su impacto no nos afecte. La base de la ética estoica reside en esta idea.

> La primera tarea de un profesor es la de enseñar a sus alumnos a aceptar los hechos incómodos. Quiero decir, aquellos hechos que resultan incómodos para la corriente de opinión que los alumnos en cuestión comparten.
>
> MAX WEBER

Respecto a la disciplina del deseo, una técnica estoica es hacer listados de cosas que nos gustan y cosas que detestamos. A fin de cuentas, la aversión es un tipo de deseo, el deseo de evitar algo negativo. Por lo tanto, un ejercicio muy valioso es darse cuenta de la relatividad de las cosas. Bueno y malo son aspectos relativos. Si no tenemos un objetivo claro, determinar si una decisión es buena o mala es imposible, ya que una buena decisión será la que me acerque al objetivo, y una mala la que me aleje del objetivo. Si deseamos intensamente conseguir una victoria en Roland Garros, podemos sentirnos decepcionados si no lo conseguimos. Pero lo que depende de nosotros es hacer el mejor campeonato posible, y eso es en lo que debemos centrarnos. Si no ganamos el trofeo, quizá nos sentiremos frustrados, pero si hemos dado todo, como Rafa Nadal, si cada día aprendemos y mejoramos, seremos unos privilegiados y no podremos considerar algo así un fracaso.

La disciplina de la acción nos ayuda a determinar cómo comportarnos, a desarrollar carácter, a cómo ayudar a otros incluso ante una enfermedad grave, y de este modo ser virtuosos. Pero también a buscar virtudes en los demás. Listarlas por escrito. De este modo valoramos más a nuestras amistades, y ante conflictos o desavenencias, o comportamientos inesperados, tendremos algo que nos haga pensar en lo positivo. Es complicado ser estoico sin buenas amistades positivas. En la disciplina de la acción es tan importante hacer cosas útiles como evitar hacer cosas inútiles que no crean valor. Por ejemplo, otro ejercicio es enumerar cada día las tres acciones más importantes que hemos llevado a cabo, evaluando qué nos han aportado. Pigliucci, enlazando con *memento mori*, nos plantea lo mismo que Steve Jobs en su charla de graduación en Stanford. Para cada una de esas actividades nos pregunta: «Si hoy fuera el último día de tu vida, ¿habrías hecho eso?».

La disciplina del asentimiento trabaja cómo reaccionar ante situaciones del día a día, de manera práctica y enfocada. Situaciones como conflictos, ansiedad, estrés, soledad o incluso la muerte. Esta disciplina es la última, la que nos hace «subir de nivel», la que permite pasar de alumno a maestro. Tras desear y actuar, ahora vamos a evaluar. O todo lo contrario, ya que, por ejemplo, un objetivo de esta disciplina es mejorar las relaciones con los demás. Tratar con más cercanía o familiaridad a personas del barrio, para que las valores más positivamente. No juzgar por las impresiones que nos dejan los demás con su comportamiento. Entender cómo juzgamos y evaluamos, algo que en un mundo de inmediatez, anonimato y redes sociales ha devenido en tóxicos intercambios. Aquí podemos hacer listados sobre qué consideramos bueno o malo, y cómo podríamos cambiar nuestra impresión sobre ello. Como en un club de debate, cuando nos piden defender primero una postura y después la contraria.

La dicotomía del control

Claudio Galeno Nicon de Pérgamo, conocido simplemente como Galeno, fue un famoso médico de la Antigüedad. De hecho, no sólo médico, también filósofo e investigador. Griego y coetáneo de algunos de nuestros héroes (Pérgamo 129 d.C. – Roma circa 201/216 d.C.). Sus escritos se convirtieron en referencia para los médicos medievales. Cuenta la leyenda que un naufragio le hizo perder sus investigaciones, así como los libros que atesoraba (y en aquella época los libros no eran baratos). ¿Su reacción?

> El hecho de que, tras la pérdida de la totalidad de mis remedios farmacéuticos, de la totalidad de mis libros, así como de estas recetas de remedios reputados, así como de las diversas ediciones que escribí sobre ellos, además de tantas otras obras, cada una de las cuales exhibe ese amor

> al trabajo que fue el mío durante toda mi vida; el hecho de que no haya sentido ningún dolor muestra en primer lugar la nobleza de mi comportamiento y mi grandeza de alma.

¿Podríamos nosotros mostrar el mismo comportamiento ante una pérdida tan dramática? Como su época estaba marcada por las guerras perpetuas y los desastres naturales, Galeno, por supuesto, no fue el único de los antiguos que sufrió una pérdida así y que estaba preparado para ella. ¿O había algo más?

Comentábamos al inicio del libro que una concepción errónea típica es pensar que los estoicos buscaban un estado carente de emociones. No es así. En nuestra vida vamos a tener preocupaciones, es inevitable. Epicteto se planteaba cuáles eran más importantes, si las externas o las internas. Su respuesta es que la clave para una vida plena era centrarse en las preocupaciones internas. Mientras la idea generalizada es que la felicidad consiste en cumplir deseos y sueños, Epicteto planteaba identificar y controlar nuestras emociones para así evitar aspirar a objetivos que no pudiéramos alcanzar, lo que redundaría en insatisfacción, estrés y sentimientos negativos.

> No tienes la obligación de seguir siendo la misma persona que eras hace un año, un mes o incluso un día. Estás aquí para crearte a ti mismo, continuamente.
>
> RICHARD FEYNMAN

En línea con este planteamiento, los estoicos helenistas diferenciaban entre tipos de pasiones (*pathos* o *patheia*). Podíamos hablar de pasiones sanas *(eupatheiai)*, pasiones tóxicas e irracionales o pasiones naturales e involuntarias *(propatheiai)*. Los textos estoicos supervivientes mencionan una amplia variedad de emociones saludables, con mucha frecuencia. Los estoicos también repudian explícitamente la afirmación de que son «hombres de hierro» o que tienen «corazones de hierro», que asocian más con la escuela de filosofía cínica. Así que esto es definitivamente un concepto erróneo.

Este tema es muy importante porque si vemos la evolución histórica de la relevancia de las emociones, en el siglo XXI ha crecido el uso de términos asociados a éstas, cayendo en picado el uso de palabras asociadas a la razón. No sólo por movimientos sociales más enfocados en educar en sentir que en el pensamiento crítico o el esfuerzo. También en la producción literaria se puede cuantificar. Un estudio de los términos usados en literatura, de ficción y no ficción, confirmaba que desde 1850 hasta el año 1980 los términos asociados a lógica y razón crecieron paulatinamente, para caer abruptamente en las décadas siguientes. Y asimismo los términos asociados a emociones e intuición disminuyeron paulatinamente para subir exponencialmente en fechas similares. El estudio se realizó con Google Ngram, analizando libros en inglés y español. Los términos buscados para detectar emocionalidad fueron espíritu, imaginar, sabiduría, mente, sospecha, creer, pensar, fe, verdad, duda, esperanza, miedo, vida, alma, cielo, santo, dios, misterio, sentido, sensación, sentir, suave, duro, frío, caliente, gusto, dulce, oír, silencio, fuerte, ver, mirar, oscuro y brillante. Los utilizados para racionalidad fueron ciencia, tecnología, científico, química, productos, física, medicina, modelo, método, dato, datos, hipótesis, estadísticas, cálculo, análisis, conclusión, límite, resultado, determinar, transmisión, sistema, tamaño, unidad, presión, área, densidad y porcentaje. Como todo estudio, tiene sus limitaciones, pero es un buen indicador de hacia dónde apunta el interés en cada época.

> Entonces, ¿qué? Hemos de organizar lo mejor posible lo que depende de nosotros y servirnos de las demás cosas tal como vienen.
>
> EPICTETO

Ante una situación así nos podríamos plantear que la solución es trabajar para cambiarlo. El activismo es una fuente de acción, enfocada a promover causas que cambien el mundo. Sin embargo, Epicteto nos aconseja cambiarnos a nosotros mismos. En las citas de Epicteto encontramos múltiples referencias a su visión al respecto, siendo la más clara la base de la dicotomía del control: «Algunas cosas dependen de nosotros y otras no dependen de nosotros».

> Todos quieren cambiar el mundo, pero nadie piensa en cambiarse a sí mismo.
>
> LEÓN TOLSTÓI

Este planteamiento nos da una base muy potente para determinar cómo vivir la vida. Richard P. Rumelt defendía que la estrategia es la resolución de problemas. Para poder hacerlo tomamos decisiones y utilizamos ciertas herramientas de análisis, tomando en cuenta factores externos e internos, racionales y emocionales. La fijación de objetivos es una de las bases de la estrategia, empresarial pero también personal. El planteamiento del estoicismo apunta directamente a la base del proceso. El análisis del entorno debe centrarse más en los aspectos internos que en los externos. La selección de objetivos debe tener en cuenta la dicotomía del control.

Un ejemplo práctico de cómo realizar este proceso es aprender a jugar al póquer de manera lo más profesional posible. El póquer, en la mayoría de sus versiones, es un juego de toma de decisiones con información incompleta, donde no podemos controlar ni las cartas que recibimos ni las decisiones de los demás jugadores. ¿Cómo podemos determinar si un jugador está jugando bien o mal? Hay una máxima importante que nos ayudará. «El buen jugador de póquer, cuando gana, gana mucho, pero cuando pierde, pierde poco.» Esta frase nos da una enseñanza vital para comenzar: dice «cuando pierde», no «si pierde». Y es que lo primero que aprende un jugador de póquer es que es imposible ganar siempre, precisamente porque hay cosas que no podemos controlar. El buen jugador de póquer, por tanto, aprenderá a controlar todo lo que se puede controlar, como el valor de las cartas y las jugadas, la probabilidad de que salga una combinación u otra, e incluso intentará inferir cómo juegan el resto de los oponentes en la mesa. Aun siendo algo que no puede controlar, intentará hacerlo. Por un lado, no mostrando patrones de juego ni emociones asociables a las decisiones y cartas que recibe, de ahí la importancia de la cara de póquer o *poker face*. Por otro lado, usando herramientas como el farol o las estrategias en las apuestas, dado que no puede controlar ni las cartas que recibe ni saber las que tiene el contrario, pero sí puede intentar que los demás jugadores crean que tiene unas determinadas cartas en función de sus decisiones, lenguaje corporal o incluso lo que dice. Puro estoicismo aplicado.

Otro ejemplo típico, éste de Cicerón, es el del arquero. El arquero puede controlar todo lo que ocurre hasta que la flecha sale hacia la diana. Después, ya no depende de él. Entre lo que controla está su entrenamiento y la elección de flecha y arco. Ha apuntado y decidido cuándo disparar, pero hay factores que no se pueden controlar en el proceso subsiguiente. El viento puede desviar la flecha, el objetivo puede apartarse, algo puede interponerse. Por eso es importante, de cara al impacto emocional que tendrá el resultado, separar lo que podemos controlar de lo que no. En el deporte es muy típico encontrarnos con entrenadores que sólo se enfocan en el resultado, que aglutina lo que podemos controlar y lo que no, frente a otros que se enfocan en el proceso, en la manera de jugar, que debería dar resultados en el largo plazo por pura regresión a la media. Es decir, en el largo plazo, en una temporada, la mala suerte y la buena suerte deberían compensarse.

Es importante aceptar que las cosas no siempre van bien. Una de las claves de que a día de hoy siga jugando al tenis es que he tolerado el éxito

> y el fracaso de una manera similar. Ni nada es tan fantástico ni nada es tan nefasto; hay momentos buenos y malos.
>
> RAFAEL NADAL

La capacidad de procesar grandes cantidades de información de manera sencilla y barata, a veces incluso en tiempo real, ha supuesto un creciente interés por la analítica en el siglo XXI, sobre todo en los deportes. Se diseñan, por tanto, métricas que, usando *machine learning*, y a partir de vídeos de jugadas de los *quarterbacks* (mariscales de campo) de los equipos de la NFL, pueden valorarlos a partir de aquellos factores que ellos pueden controlar, como la posición de su cuerpo, a quién lanzar o el momento en que lo hacen; frente a cosas que no pueden, como que su pase se le caiga al receptor, o que su línea ofensiva falle y le plaquen. Sin embargo, hay jugadores que no sólo saben controlar todo lo que se puede controlar; además son capaces de brillar en el caos, gestionar lo imprevisto y convertirse en leyendas. Tom Brady es el jugador más laureado del deporte más agresivo y complejo que existe. Ha ganado más títulos de campeón que cualquiera de los equipos de la competición. No sólo sabe controlar todo lo controlable, también es capaz de sobreponerse a la adversidad y buscar soluciones innovadoras para alcanzar su objetivo. Cuando le preguntan cuál es el título que más felicidad le ha producido, siempre dice que «el siguiente». Esto parece que va contra la lógica estoica, ya que puede generar estrés si no se alcanza. En el caso de Brady, la mitad de las temporadas que ha competido ha llegado al partido final.

Un ejercicio para trabajar la dicotomía del control es hacer listas de situaciones que vivimos, separando lo que podemos controlar de lo que no podemos controlar.

> Hay cosas que nos atormentan más de lo necesario; otras, antes de que sea necesario; y algunas, sin que sea en absoluto necesario. Aumentamos nuestro dolor; lo anticipamos; a veces, lo inventamos.
>
> SÉNECA

Visualización negativa

Marco Aurelio decía que lo primero que debes hacer cuando empiezas el día es mentalizarte de que es casi seguro que en el mismo tendrás que lidiar con personas desagradables. Gestionar las expectativas ayuda a que cuando ocurra no te afecte tanto. Éste es un buen ejercicio para hacer cada día al despertar, visualizar de manera genérica o específica a una persona conflictiva y la situación en la que nos la podemos encontrar.

> A veces por la mañana díganse a sí mismos: Hoy tendré que tratar con un hombre curioso ocioso, con un hombre ingrato, un burlador, un hombre astuto, falso o envidioso; un hombre poco sociable y caritativo. Todas estas malas cualidades les han sucedido por ignorancia de lo que es verdaderamente bueno y malo. Pero yo, que entiendo la naturaleza de lo que es bueno, que sólo es para desear, y de lo que es malo, que sólo es verdaderamente odioso y vergonzoso: ¿quién sabe además que este transgresor, quienquiera que

sea, es pariente mío, no por la misma sangre y simiente, sino por participación de la misma razón, y de la misma partícula divina? Cómo puedo ser herido por cualquiera de ellos, ya que no está en su poder hacerme incurrir en algo que sea verdaderamente reprochable o enojado, y mal afectado hacia él, que por naturaleza está tan cerca de mí, porque todos nacemos para ser colaboradores.

Pigliucci denominaba a este ejercicio estoico la *premeditatio malorum*. Lo consideraba un ejercicio fundamental a pesar de que ningún filósofo detalló cómo llevarlo a cabo. Opciones que planteaba Pigliucci eran hacer un listado de planes para el nuevo día. Para cada plan separar los aspectos principales, a saber, 1) cuál es el objetivo para alcanzar; 2) qué podría impedir alcanzarlo; 3) en caso de no alcanzarlo, qué depende de nosotros; 4) cómo podemos racionalizar este hecho para que no nos afecte, y 5) alternativas o plan de contingencia. Es importante asumir en el ejercicio que lo que pueda salir mal, saldrá mal.

En realidad, es una representación del famoso modelo de Henry Mintzberg sobre la estrategia, explicado en el *California Management Review Journal* dentro de su artículo «The Strategy Concept I: Five Ps For Strategy». Mintzberg decía que nosotros partimos de una situación inicial, analizamos el entorno y nuestros deseos, y nos marcamos un objetivo al que llegar. Con el objetivo claro diseñamos un plan, pero al ejecutarlo van a pasar dos cosas. Primero, en todo plan habrá siempre cosas que pensamos que podremos hacer, pero que finalmente no podemos. Segundo, al ejecutar hay cosas con las que no contábamos que ocurrirían, como pasó con la COVID-19. Estos dos impactos nos terminan llevando a una situación diferente del objetivo deseado. Nuestro trabajo como tomadores de decisiones será adoptar medidas correctoras para hacer que el destino final sea lo más cercano al objetivo marcado, o si el impacto es muy grande —como pasó con el virus—, diseñar de nuevo todo el modelo. Así que sí, para los amantes de la estrategia, Henry Mintzberg es un inspirador estoico.

Estos ejercicios ayudan a gestionar las expectativas y nos predisponen a diseñar mentalmente escenarios posibles, siempre algunos negativos, y estar preparados para ellos. Realizado de manera continuada es más fácil tomar decisiones de un modo racional, sufriendo menos frustración.

> De lo existente, unas cosas dependen de nosotros; otras no dependen de nosotros. De nosotros dependen el juicio, el impulso, el deseo, el rechazo y, en una palabra, cuanto es asunto nuestro. Y no dependen de nosotros el cuerpo, la hacienda, la reputación, los cargos y, en una palabra, cuanto no es asunto nuestro.
>
> EPICTETO

Otro aspecto importante que utilizamos en la toma de decisiones es el alineamiento. En todo proceso de toma de decisiones dependemos de otros agentes para alcanzar nuestros objetivos. Por ejemplo, nosotros deseamos que este libro guste y sea útil. En parte depende de nosotros, pero también depende del equipo editorial que nos aconseja, de la maquetación y/o impresión para que lo hagan lo más atractivo y fácil de seguir posible, incluso de los canales de distribución que lo promocionen adecuadamente. Cuando impartimos docencia, para que salgamos satisfechos con el trabajo realizado dependemos de que nuestros alumnos salgan satisfechos, para lo cual debemos conocer sus objetivos. Si conseguimos alinear nuestros objetivos con los suyos, será más fácil conseguir esa satisfacción. Por ejemplo, en un curso de estrategia y resolución de problemas de varias sesiones, es típico preguntar al inicio qué objetivo tienen los asistentes. A menudo encontramos que hay un grupo que viene, por ejemplo, de una industria muy regulada (farmacéutica) o intensiva en talento (videojuegos, deportes). Gracias a esa información somos capaces de modular los contenidos y casos del curso para incrementar su nivel de satisfacción. Para ello es necesario ponerse en los zapatos del resto de los agentes involucrados. Si no lo hacemos, un buen curso puede, sin embargo, percibirse como algo que no crea valor o no es útil. El alumno tendrá razón, a pesar de que el curso puede ser magnífico… para otros, o haber sido muy bien valorado en otros momentos.

Ésta es una de las bases del estoicismo, adoptar la perspectiva del otro. No sólo a nivel de alineamiento. Según nuestra filosofía partimos de la base de que nadie quiere hacer daño de manera deliberada, todo el mundo tiene una motivación para sus acciones, algo por lo que las considera correctas o apropiadas. Como decía Randy Pausch, «si esperas suficiente tiempo, verás que nadie es pura maldad». Podríamos hablar de los psicópatas, que no procesan las emociones como las personas normales, pero que no necesariamente son malvados. Entender qué lleva a otras personas a comportarse de la manera en que lo hacen ayuda mucho.

> Cuando alguien cometa una falta contra ti, considera enseguida qué opinión sobre el bien o el mal le ha llevado a ello. Cuando hayas visto la causa, le compadecerás y no experimentarás ni sorpresa ni cólera. Porque si tú mismo tienes su misma opinión, o parecida, sobre el bien, debes perdonarle; y si no compartes su opinión sobre el bien y el mal, entonces te será más fácil ser indulgente con su error.
>
> MARCO AURELIO

Una teoría relacionada es la teoría de la negociación. La negociación tradicional era distributiva. Para que una parte obtuviera más valor, la otra debía renunciar al mismo. Por ejemplo, si repartimos una naranja entre los dos autores, la mitad para cada uno sería lo más justo y equitativo. Sin embargo, podría resultar que ambos terminen insatisfechos. Si analizamos el objetivo de cada uno, descubrimos que uno quería sólo los gajos para merendar, mientras que el otro deseaba la piel del cítrico para preparar unos inolvidables brebajes alcohólicos. Si negociamos por valor, uno se puede llevar todos los gajos, el otro toda la piel de la naranja, y ambos terminarían con un mayor nivel de satisfacción.

El punto más extremo de la visualización negativa sería pensar en el peor escenario. A menudo descartamos escenarios por no parecernos lo bastante probables, otras veces por miedo. Séneca planteaba empezar por los escenarios más terribles y complicados, de manera que nos quitáramos el miedo de inicio. Este método no es de los estoicos, sino de la escuela cirenaica, pero Séneca lo popularizó con sus cartas morales, donde lo incluye como uno de los ejercicios prácticos estoicos.

Meditación

> Una de las mejores lecciones que puedes aprender en la vida es dominar cómo mantener la calma. La calma es un superpoder.
>
> Bruce Lee

Marco Aurelio escribió su famoso libro con el nombre de *Meditaciones* y Ryan Holiday escribió para nosotros *Diario para estoicos* lleno de meditaciones diarias. Las de Marco Aurelio están escritas como un diario de reflexiones, un listado de ideas que quería conservar y le ayudaba a pensar sobre su vida estoica. No estaba pensado para ser publicado como tal. De hecho, se conocían como *Ta eis heauton* (para mí mismo).

En la práctica, el estoicismo supone combinar acción y reflexión. Leer textos sobre la temática, como los que recomendamos en el siguiente capítulo, pero también reflexionar sobre la aplicación de sus preceptos en nuestro día a día. Aprender de textos inspiradores, pero también practicar disciplinas como la meditación o el *mindfulness*.

Ray Dalio, uno de los principales inversores del mundo, billonario, divulgador sobre economía e inversión y fundador de Bridgewater Associates, nos decía en una entrevista que usar el *mindfulness* era imprescindible para él, sobre todo ante decisiones importantes.

Para Séneca y otros adeptos a la filosofía estoica, una persona era capaz de pensar bien, trabajar bien y estar bien, podía desarrollar paz interior y alcanzar la *apatheia*, como ellos la llamaban, aun si el mundo estaba en guerra. Confucio en Asia primero, Demócrito después, o nuestros estoicos más adelante, todos ellos trabajaban la calma y la tranquilidad. Se encuentra con otros nombres también. En el budismo es *upekkha*, para los musulmanes, *aslama*, en hebreo, el *hishtavut*, los griegos usaban *euthymia* y *hesychia*, los epicúreos, la ataraxia, también se apuntaban los cristianos con su *æquanimitas*, los samuráis japoneses tenían el zen, y el poema épico del guerrero Arjuna menciona el *samatvam*, un «equilibrio de la mente, una paz que es siempre la misma». En definitiva, la quietud.

Una pregunta típica es si los estoicos son personas de comportamiento o naturaleza pasiva. El propio Donaldson en su web incluía en las preguntas frecuentes su respuesta a este particular. En primer lugar, combinan la aceptación del destino incontrolable con la acción libre y sabia. No obstante, la gente a menudo malinterpreta esto como que los estoicos simplemente aceptan su destino de una manera pasiva. Probablemente por la parte que nos toca relacionada con la meditación y la reflexión.

Sin embargo, la escuela estoica era famosa por aconsejar a sus alumnos que se involucraran en la política o la vida pública en la medida de sus posibilidades, mientras que la escuela epicúrea aconsejaba lo contrario. A lo largo de la historia, los estoicos fueron famosos por su estridente oposición a la injusticia social. Catón el Joven se convirtió en un héroe de la guerra civil romana por su implacable oposición al tirano y criminal de guerra Julio César.

Marco Aurelio, a pesar de no tener entrenamiento ni experiencia militar y de sufrir enfermedades crónicas, tomó el mando de las legiones romanas, las condujo a la frontera norte y luchó en una larga y ardua campaña militar desencadenada por las invasiones marcomanas de las ciudades romanas provinciales. Mantener la paz de espíritu y mental en una guerra es algo muy complicado. Múltiples estudios neurológicos han demostrado el valor de la meditación como una herramienta para liberar estrés. La meditación en realidad consiste en diferentes prácticas que nos permiten despejar la mente y alcanzar un estado de calma y quietud que favorece la toma de decisiones. Tanto el budismo como el hinduismo la incluyen entre sus prácticas principales.

Como decíamos, la meditación no implica una vida pasiva: los samuráis, guerreros dedicados al *bushido*, el arte de la guerra, practicaban el zen, es decir, la meditación. El objetivo principal era que la mente funcionara sin intentar controlarla, liberándola. Los principios del zen incluyen la sencillez, la espontaneidad, la quietud mental, la fluidez y muchos aspectos relacionados más. No es una técnica específica, con pasos secuenciales que seguir, sino una manera de vivir que fomenta la confianza en uno mismo y que se aplicaba de manera pragmática.

El *mindfulness* es una práctica que se basa en centrar la atención expresamente en el momento presente, sin juzgar ni evaluar. Es una técnica de meditación que se aprende mediante ejercicios de respiración, relajación del cuerpo, concentración, incluso dando un paseo. Diversos estudios han demostrado que la meditación reduce el cortisol, la hormona que generamos ante situaciones de estrés, desconocida para los estoicos, pero de corriente referencia en el siglo XXI como culpable de gran cantidad de males.

> Puedes encadenar mi pierna o dejarla inservible, pero ni el mismo Zeus tiene el poder de romper mi libertad de elección.
>
> EPICTETO

Resolución de problemas

En general, los seres humanos odiamos el conflicto y los desacuerdos. A fin de cuentas, la confrontación supone incertidumbre, tensión y el riesgo de hacernos daño a otros o a nosotros mismos. Pero los estoicos discrepan muy a menudo y lo hacen muy bien. Son conscientes de que el conflicto es inevitable porque somos animales sociales. Así que lo utilizan como una herramienta para mejorar a nivel personal y como sociedad.

> En primer lugar, no hacer daño.
>
> HIPÓCRATES

Una de las virtudes cardinales del estoicismo es la justicia, que es la sabiduría aplicada a nuestras relaciones sociales. El estoicismo requiere vivir con justicia y tratar a los demás con amabilidad y equidad o enfrentarse a la oposición con valentía: eso es lo que queremos decir con «virtud».

> La ignorancia de lo que sucedió antes de que naciéramos nos convierte en eternos niños.
>
> CICERÓN

Por ejemplo, Giorgio Nardone, en su libro *Problem Solving Estratégico: El arte de encontrar soluciones a problemas irresolubles*, planteaba cómo debíamos enfocar la resolución de problemas con un procedimiento muy estoico. Primero, leer y aprender sobre lo que se había hecho, qué había tenido éxito, qué no, y por qué. A partir de aquí ponerse en el peor escenario, como ya hemos visto, pero también visualizar un estadio ideal, una solución perfecta, el escenario deseado. Conseguir resolver el problema implica un cambio, y se consigue dando pequeños pasos. Es más fácil explicar y organizar pequeños pasos que grandes cambios a largo plazo. Otra técnica que plantea es la del escalador: pensar en el objetivo, el resultado, lo que queremos alcanzar, y a partir de ahí visualizar pasos hacia atrás que nos llevan a la situación de partida en la que estamos ahora.

Entender al otro, como veíamos antes con la disciplina del asentimiento, es vital, por ejemplo, para la negociación. Chris Voss, negociador del FBI, formador y autor en la temática, explicaba la importancia de escuchar, sobre todo en una negociación de vida o muerte. Todo el mundo quiere ser escuchado, entendido, que se sepan sus motivaciones. Escuchar ayuda a generar empatía y a pasar de un estado defensivo a uno colaborativo. Es importante no presuponer, no tener prejuicios, no hacer de antemano juicios de valor. Escuchando podemos saber qué es importante para la otra parte y centrarnos en eso, de ese modo será más fácil generar confianza. Una técnica en este sentido es «espejar» o «reflejar». Repetir las últimas palabras que ha dicho la otra parte, o poner nuestro cuerpo de manera similar a la suya, creando un vínculo emocional. Si podemos etiquetar los miedos de la otra parte, como veíamos en la disciplina del deseo, podemos conocerlos mejor y ayudar a resolverlos. El deseo también era aversión; si podemos analizar qué cosas negativas ve la otra parte en nosotros y ponerlas sobre la mesa primero reconociéndolas o aceptando discutirlas, evitaremos acusaciones y saldremos del plano emocional más rápido. Y, sobre todo, utilizar el «no» cuando sea necesario. El «no» es parte imprescindible del proceso. Saber renunciar, saber decidir. En primer lugar, porque la solución en una negociación está en la cosmogonía de la otra parte. Conseguir que piense que la solución es propuesta por él, o que directamente lo haga. Cuando alguien se siente comprendido también asiente, se vuelve constructivo. Si conseguimos que acepte, que diga que «es así», tenemos mucho ganado para desbloquear o avanzar en la negociación. Hemos encontrado puntos en común, puntos sobre los que tener un acuerdo y avanzar. Y, en segundo lugar, controlar o eliminar la necesidad emocional de que nos den la razón, ya que nos saca de la negociación constructiva y nos lleva a la lucha de egos. Es mejor preguntar «cómo podemos hacerlo» o «cómo se puede hacer».

En este sentido, la resolución de problemas nos lleva al CPS *(complex problem solving)* o resolución de problemas complejos como disciplina. Problemas que no se han resuelto nunca, que no se han enfrentado nunca siquiera, donde lo primero es aceptar la ignorancia. Es como ser un doctor House, que diagnostica lo que nadie puede. Los problemas sencillos ya están resueltos, pero los entornos VUCA (Volátiles, *Uncertain* o inciertos, Complejos y Ambiguos) están arrasando con todo. Todas las problemáticas son susceptibles de enfrentarse a una transformación brutal.

El estoicismo es clave en este proceso. Un inconveniente de no tener en cuenta las implicaciones de la problemática compleja es que aparecen fenómenos como la gestión de la COVID-19, el colapso de los circuitos logísticos o la guerra, que redundan en cosas inmediatas como la escasez de semiconductores y que después afectan a muchas más cosas que «nadie podía esperar». Pero la clave es que la aparición de la COVID-19 misma no fue un problema complejo, sino más bien un rinoceronte gris, un concepto fascinante de Michele Wucker, que implica los problemas enormes que son obvios pero que nos empeñamos con todas nuestras fuerzas en no ver. El Factor X, la naturaleza humana, conocer los negocios, los factores que impulsan el cambio como la tecnología, o las ciencias de la complejidad, son vitales para entender y resolver problemas complejos. Y estamos rodeados de problemas que, o bien se han complejizado, o bien se van a complejizar de manera brutal. Ser operativo en un entorno así es imposible sin un espíritu estoico entrenado.

Mortalidad *(memento mori)*

> ¡A cuántos Crisipos se ha tragado ya la eternidad, a cuántos Sócrates, a cuántos Epictetos! Que se te ocurra lo mismo ante absolutamente cualquier hombre y cosa.
>
> Marco Aurelio

Los estoicos, desde el principio, se enfrentaron a este problema como parte de forjar el carácter y desarrollar la personalidad (en la línea, por otra parte, del Calvin de Bill Watterson a quien su padre intentaba siempre que «forjara el carácter»). Séneca decía «morimos cada día». Es más, para el cordobés era imposible tener una buena vida, virtuosa y de acuerdo con la naturaleza, si no se sabía morir bien. A fin de cuentas, la vida es un proyecto lineal en el que nos vamos desarrollando, con un final lógico y necesario.

> La muerte es necesaria y no se puede evitar. Es decir, ¿adónde voy a ir para alejarme de ella?
>
> Epicteto

La inmortalidad, imposible por nuestras características biológicas (de momento), supone también una suerte de limitación de los malos momentos, además de los buenos. O como decía Tom Brady Sr., padre de Thomas Edward Patrick Brady, el mejor jugador de fútbol americano de la historia, «los tiempos difíciles no duran, pero las personas duras sí». Saber que cuando sales al campo no vas a ganar siempre, que cuando juegas al póquer no puedes ganar siempre, que cuando tomas decisiones no vas a acertar siempre, que la vida no es eterna, te ayuda a alcanzar la quietud, vivir más feliz y tomar mejores decisiones. Incluso a alcanzar la inmortalidad, como hicieron Séneca, Epicteto o Marco Aurelio. O Muhammad Ali y Tom Brady.

> En este mundo nada se puede decir con certeza, excepto la muerte y los impuestos.
>
> Benjamin Franklin

Parafraseando a Daniel Defoe y Benjamin Franklin, hay dos cosas inevitables en la vida, tres si eres fan de Marvel: Thanos, la muerte y los impuestos. Y por lo que sabemos sólo te mueres una vez, así que, de tener miedo a algo, que sea a los impuestos. Al final, los peores criminales de la historia terminaron en la cárcel no por lo que habían hecho, sino por no pagar impuestos. Aunque la ciencia trabaja para extender la vida, y muchos países analizan ya el índice de esperanza de vida con calidad, no solamente su duración, el estoicismo nos ayuda y prepara para el final del viaje. No se puede vivir una vida feliz, virtuosa y con sentido sin ser consciente de que hay un final inevitable.

La frase *memento mori* se atribuye, sobre todo, a un evento donde se recuerda la mortalidad. En México, el día de los muertos es una tradición que facilita explicar a los niños la realidad. La película *Coco* fue un gran éxito tratando el tema. Demócrito se entrenaba estando solo o paseando entre las tumbas. Platón consideraba que la filosofía consistía en «nada más que morir y estar muerto». Séneca meditaba sobre la muerte en sus cartas. Epicteto recordaba a sus discípulos que cuando besaran a un ser querido, no olvidaran disfrutar, ya que podía ser la última vez. Y era costumbre que, en la parada del César triunfante, un esclavo le acompañara para repetirle y recordarle que era mortal.

Es cierto que hay diferentes tipos de miedos a la muerte. John Sellars diferenciaba entre el miedo a la muerte y el miedo a lo que viene después. Los epicúreos decían que el dolor era malo, los estoicos lo gestionan muy bien. El estoicismo ofrece herramientas para momentos como una pandemia o una guerra. Desde el desarrollo del carácter, hasta la conciencia del final y la importancia de cómo has vivido. Epicuro decía que no había que tener miedo a la muerte porque ya no estaremos para sufrirlo. Como Woody Allen, que opinaba que «no es que me dé miedo la muerte, simplemente no quiero estar allí cuando suceda». Pero ante todo, su idea era enfocarse en el presente, en el ahora.

El suicidio fue una opción utilizada por varios estoicos a lo largo de la historia. El ejercicio de *La tienda de los suicidas* ayudaba a dar visibilidad y entender la importancia de saber cómo resolver problemas. La pregunta era sencilla. Vas a crear una tienda de artículos para suicidas, como la de Jean Teule en su libro del mismo nombre. ¿En qué cliente te enfocarías? ¿Con qué producto o servicio? Se te va a medir en función del tiempo de relación con el cliente y de la rentabilidad obtenida.

Este ejercicio es un problema sin solución. Si vendes un buen producto, te quedas sin cliente. Si vendes un mal producto, no te van a pagar. ¿Cómo resolverlo? Se pide a los alumnos que presenten sus propuestas. Las propuestas más típicas que encontramos suelen ser las siguientes. Píldoras de diverso tipo, con el objetivo de, tomando varias, retrasar el momento de la muerte. Teléfono de la esperanza, ofrecer servicios psicológicos o similares evitando el momento de la muerte. Vender tabaco, y algunas más imaginativas e ilegales. Estas opciones son limitadas y no cumplen muy bien en términos de relación a largo plazo ni de retorno. ¿Por qué? Porque nuestro cerebro está nervioso por pensar en la muerte, y eso le lleva a estresarse o a reírse para salir de la situación. A menudo los alumnos preguntan: «¿Pero hay que matarlos o no?». La solución es más sencilla. Nuestro cerebro, decíamos, es eficiente, así que lista productos y comprueba si cumplen las condiciones. Pero ninguno lo hace. Para resolverlo debemos pensar en el problema real: ¿qué necesidad tiene o qué problema quiere resolver alguien que se quiere suicidar? Y no, no es morir.

Un suicida es una persona que tiene un problema y considera que la única solución posible es la muerte.

Al pensar en cómo matarlo nos centramos en el producto, no en el problema que quiere resolver. Tenemos que dar un paso atrás, volver al cliente y su necesidad. ¿Qué problema o necesidad le lleva a pensar que la única solución viable es terminar con todo? Ésta es la pregunta que debemos responder. ¿Nos suena? Todo lo que hemos visto del estoicismo nos ayuda fácilmente a resolver una situación así.

A partir de aquí la clase florece. Los alumnos empiezan a ver alternativas. Ahora hay muchos tipos de suicidas, es decir, personas que piensan que el problema que quieren resolver, y al que no encuentran solución, es llamar la atención, cariño, amor o problemas personales, soledad o problemas sociales, eutanasia (realmente quieren morir, quizá por una enfermedad terminal), enfermedades mentales, adicciones…

Finalmente nos planteamos a quién afecta la decisión de nuestro cliente. Podemos contar con Familiares, Amigos, Herederos o Socios. El círculo de empatía estoico.

A veces, algún alumno se muestra reticente o no encuentra valor al ejercicio. Se puede introducir aquí otra discusión sobre el aspecto moral: «¿Trabajaríamos para cualquier tipo de empresa?».

Este ejercicio ha ayudado en nuestras clases a concienciar sobre el problema del suicidio durante años. La base de su desarrollo y de su resolución subyacen en esta filosofía.

Aceptación y *Amor Fati*

> ¿Entonces resulta increíble nuestra afirmación de que la naturaleza del hombre es civilizada, cariñosa y digna de confianza?
>
> EPICTETO

Las diferentes religiones plantean el problema de la reciprocidad como parte de la moral. Baumar y Boyer analizaron la visión al respecto de las diferentes religiones. Los siguientes son textos de obras de referencia y sagradas de cada una de ellas.

Budismo: «Tal como soy yo también son ellos, tal como ellos son así soy yo» o «No dañes a los demás en formas que tú mismo encontrarías hirientes».

Confucianismo: «Nunca impongas a otros lo que tú elegirías para ti».

Hinduismo: «Uno nunca debe hacer a otro lo que considera perjudicial para uno mismo. Ésta, en resumen, es la regla del *dharma*».

Taoísmo: «Considera la ganancia de tu prójimo como tu propia ganancia, y la pérdida de tu prójimo como tu propia pérdida».

Judaísmo: «Lo que es odioso para ti, no se lo hagas a tu prójimo. Ésa es toda la Torá; el resto es la explicación».

Jainismo: «Así como la tristeza o el dolor no son deseables para ti, así lo es para todo lo que respira, existe, vive o tiene alguna esencia de vida».

Cristianismo: «Por lo tanto, todas las cosas que los hombres deberían hacer para vosotros, así también haced con ellos».

Islamismo: «Como queráis que la gente os haga, haced con ellos; y lo que no te gusta que te hagan a ti, no se lo hagas a ellos» o «Ninguno de ustedes cree [verdaderamente] hasta que desee para su hermano lo mismo que desea para sí mismo».

> ¿Alguien lanza una ofensa contra mí? Él sabrá. Tiene su naturaleza y su actuación particulares. Yo ahora tengo lo que quiere que tenga la naturaleza común y hago lo que ella me dicta.
>
> Marco Aurelio

El *amor fati* consiste en aceptar con positivismo, e incluso amor, lo que el destino nos depara. Vivir el presente, *carpe diem* (aprovecha el momento, en latín). *Amor fati* es latín y significa «amar el destino». Nietzsche, por ejemplo, usaba este concepto profusamente en el siglo XIX. Una cita que repetía regularmente era la siguiente:

> Quiero aprender cada día a considerar como bello lo que de necesario tienen las cosas; así seré de los que las embellecen. *Amor fati*: sea éste en adelante mi amor. No quiero hacer la guerra a la fealdad. No quiero acusar, ni siquiera a

> los acusadores. ¡Que mi única negación sea apartar la mirada! ¡Y en todo y en lo más grande, yo sólo quiero llegar a ser algún día un afirmador!

El objetivo de repetir esta frase era consolidar la aceptación de lo que es inevitable. Si vivimos con la naturaleza, debemos aceptar lo que es inevitable en la naturaleza. Dentro de la disciplina del asentimiento, compartir con otros algo básico, como una comida, ayuda mucho en el proceso. Cuando conocemos a alguien personalmente y hemos compartido una experiencia, como la de comer, es más complicado que seamos agresivos o negativos con esas personas. James Stern, afroamericano, explicaba cómo había convencido al líder de un grupo neonazi de cederle el puesto, con el objetivo de hacer desaparecer dicha organización. Se conocieron compartiendo experiencia en la cárcel. Stern era pastor y consideraba que la mejor manera de convencer a la gente racista era buscar el entorno adecuado y hablar con ellos, relacionarse con ellos.

> Las cosas en nuestro control son por naturaleza libres y sin obstáculos. Mientras esas cosas que no están bajo nuestro control son débiles, esclavizantes, pueden obstruir y no forman parte de nosotros.
>
> EPICTETO

Éstas han sido algunas de las principales técnicas y caminos que han seguido los estoicos en su vida. La práctica regular permite mejorar y avanzar en esta filosofía. Aunque hay muchas más, nos hemos centrado en las más relevantes, las que más utilizamos en nuestro trabajo o vida personal, o las que consideramos que más útiles pueden ser. Para aprender más, las referencias proporcionadas son de gran valor. Por concretar, en lo práctico y en español, la obra de Pagliucci y Holiday sobresale.

Grandes estoicos de la historia

Los antiguos filósofos estoicos provenían de casi todos los orígenes imaginables. Podían haber sido esclavos o emperadores. Dramaturgos famosos o boxeadores. Hubo comerciantes, ricos hechos a sí mismos, senadores y soldados. Lo que todos tenían en común era la curiosidad por saber más, por entender el mundo en que vivían y por responder a la pregunta de cómo vivir una buena vida. Esto los llevaba a la filosofía que practicaban. Independientemente de encontrarse bajo los grilletes de la esclavitud o liderando una cohorte del ejército romano, seguían las enseñanzas de su filosofía, ampliando los horizontes del pensamiento, desarrollando nuevas herramientas para poder poner en práctica su visión de cómo vivir la vida, y enfocados sobre todo en controlar aquello que podían controlar, y aceptar lo que no podían. Trabajando con sus pensamientos, sus acciones, sus creencias filosóficas, todos eran iguales en ese sentido, miembros de una comunidad creciente y vibrante.

Es importante recordar que éstos son sólo los estoicos cuyos nombres nos han llegado. Por cada uno de ellos hay docenas, cientos de otras mentes brillantes y valientes, cuyo legado se ha perdido en la noche de los tiempos. Pensemos en cuánta gente en la actualidad pasa desapercibida, o son famosos durante un breve periodo de tiempo. A pesar de toda la documentación existente, de las webs y hemerotecas, es complicado recordar apenas a unos pocos de ellos. Sin embargo, nombres como Séneca, Marco Aurelio o Cicerón siguen vigentes pese al paso del tiempo, al igual que sus enseñanzas. No sólo por ser los pioneros, los primeros en dedicarse a estudiar o pensar sobre ciertas disciplinas, incluso desarrollarlas por completo. Sobre todo, porque sus resultados fueron tan poderosos que su valor práctico no se pierde con el paso del tiempo, demostrando su profundo conocimiento de la naturaleza humana. Entender brevemente de dónde vienen, cómo vivieron y qué nos legaron, nos ayudará a entender mejor el estoicismo.

A continuación, vamos a introducir brevemente la vida y obra de algunos de los estoicos que iniciaron esta filosofía, los que consideramos más influyentes y relevantes. En el proceso vamos a conocer su vida, incluyendo más o menos cuándo nacieron y murieron, ya que no siempre es posible precisarlo con exactitud. También su obra, intentando entender cuáles fueron sus aportaciones principales al estoicismo y cómo encajan en el marco general de la filosofía. Finalmente aportaremos una selección de citas que mejor definen a cada personaje.

Zenón de Citio
(336 a 333 a.C. – 264 a 254 a.C.)

Zenón es considerado de manera generalizada como el origen, el fundador del estoicismo. Nació en la ciudad de Citio, en Chipre, en aquel momento una colonia griega habitada por fenicios. Comenzó su carrera profesional como buen fenicio, y fue un exitoso comerciante, en la línea de su padre. Es una constante en muchos estoicos, apenas queda obra escrita suya. Debemos, por tanto, el placer de conocerlo a Diógenes Laercio (Laertius, en latín), el historiador de los filósofos clásicos. Éste compiló diez libros con anécdotas, biografías y datos de diversa índole. Conocida como *Vidas, opiniones y sentencias de los filósofos más ilustres*, tiene como parte buena la riqueza y el detalle con el que escribe, y la parte mala es que su búsqueda de la meticulosidad le llevó a incurrir en incorrecciones. Aun así, es una obra muy valiosa, porque contrastada con otras fuentes ayuda a conocer mejor la época, sus protagonistas y múltiples matices. El libro séptimo está dedicado por completo a los estoicos: Zenón, Cleantes, Esfero y Crisipo.

Es en esta obra donde se atribuye la decisión de Zenón de dedicarse a la filosofía a una tragedia que pudo terminar con su vida. En un viaje entre Fenicia y Atenas, su barco se hundió junto con su carga, perdiendo gran parte de su fortuna en este accidente. Por suerte le ocurrió cerca del puerto de El Pireo, con lo que pudo ponerse a salvo y llegar a la capital griega. Apesadumbrado por haber perdido la carga de púrpura que transportaba, decidió subir a la ciudad. Paró a descansar junto a un mercader de libros, y curioseando terminó con los *Comentarios de Jenofonte* en sus manos. Así conoció la filosofía de Sócrates. Entusiasmado a sus tiernos treinta años por lo que la obra le proporcionaba, decidió preguntar al librero por el tema justo cuando pasaba junto a ambos Crates de Tebas, conocido filósofo ateniense. El mercader, probablemente, aprovechando la oportunidad, le animó a seguir al recién descubierto filósofo, literal y metafóricamente.

Crates había estudiado con Diógenes de Sinope, de quien hablamos al principio del libro. Referentes ambos de la escuela cínica, también había renunciado junto con su mujer a riquezas y propiedades para llevar una vida humilde. Sin embargo, Crates vio rápidamente que Zenón no valía para cínico, así que no puso muchas pegas cuando éste decidió seguir a otros filósofos. Por ello se considera a Crates el enlace entre la escuela cínica y la estoica.

Zenón, preocupado por cómo conseguir una vida feliz, no sólo buscaba guía en los filósofos de la ciudad, también preguntaba al oráculo. Fue también discípulo de Estilpón de Megara y Jenócrates (escuela platónica), nada más y nada menos que durante veinte años. Todas estas influencias, como si de un músico en plena fusión entre géneros se tratara, cambiaron drásticamente el curso de su vida, llevándole a desarrollar el pensamiento y los principios que hoy conocemos como estoicismo.

Según el antiguo biógrafo Diógenes Laercio, Zenón bromeaba: «Tras haber sufrido un naufragio por fin tengo un buen viaje». También se le atribuye «Has hecho bien, Fortuna, conduciéndome así a la filosofía». Delgado, de mediana estatura y tez morena, le gustaba estar al sol y vivió hasta pasados los setenta años. Nada mal, por cierto. A pesar de abandonar su vida de comerciante hizo dinero con sus enseñanzas. En su senectud, su influencia era tal que el rey Antígono le pidió que fuera a su palacio para aprender de él, porque le superaba en «elocuencia, disciplinas y la perfecta felicidad» que era capaz de alcanzar nuestro líder espiritual. Ya muy mayor para estos menesteres, recomendó a unos discípulos, repartiendo juego y ampliando las redes de escuela y enseñanzas.

Enseñanzas que impartía desde el año 301 a.C. con tanto éxito que la ciudad le premió con las llaves de ésta y una estatua de bronce. Lo hacía en la *Stoa Poikile*, o Pórtico Pecile, que se encontraba en la antigua Ágora de Atenas. Éste es el famoso pórtico que da nombre al estoicismo y que a lo mejor resuena en la memoria del avezado lector, por haber sido mencionado brevemente en alguna clase de filosofía, en el colegio, el instituto o la universidad. Pero el nombre no siempre fue ése; de hecho, al principio sus discípulos se llamaban zenonianos, siguiendo la costumbre de la época de deificar a los filósofos usando sus nombres para definir su escuela de pensamiento. Sólo con tiempo y esfuerzo pasaron a ser conocidos como estoicos, evitando la glorificación del líder en línea con sus enseñanzas.

El estoicismo ha evolucionado muchísimo desde que Zenón esbozó por primera vez esta filosofía, pero en su mensaje de fondo es el mismo: «La felicidad es un buen flujo de vida». Y conseguirla a la manera de Zenón no era complicado. Por más que nuestro héroe fuera frugal en sus costumbres, pese a su destreza como comerciante y después a su buen hacer como fundador de una de tantas lucrativas escuelas filosóficas, no exigía los sacrificios de la competencia, lo que facilitaba conseguir adeptos.

Después de su muerte, los atenienses honraron a Zenón y se aprobó el siguiente decreto en la ciudad, que ensalza a un hombre que fue un verdadero ejemplo al que podemos admirar hoy: «Considerando que Zenón de Citio, hijo de Mnaseas, se ha dedicado durante muchos años a la filosofía en la ciudad y ha continuado siendo un hombre de valor en todos los demás aspectos, exhortando a la virtud y a la templanza a aquellos de los jóvenes que acuden a él para que les enseñe, dirigiéndolos a lo que es mejor, proporcionando a todos, en su propia conducta, un modelo a imitar en perfecta consonancia con su enseñanza, ha parecido bien al pueblo —y que resulte bien— conceder alabanzas a Zenón de Citio, hijo de Mnaseas, y coronarlo con una corona de oro según la ley, por su bondad y templanza, y construirle una tumba en el Cerámico a costa del público...».

Zenón consideraba que el alma era un «aire ardiente» que provenía de Dios, y que se debía estudiar por la ciencia de la naturaleza junto con el cuerpo, la materia, que era el principio pasivo, tornado activo por este fuego interior, el alma divina. Con él nace la idea de la divina providencia y las leyes inmutables del universo.

Obras importantes y lecturas sugeridas

Como hemos explicado ya, desgraciadamente no se conserva ningún escrito original de Zenón. Lo mismo ocurre con otros destacados pensadores estoicos que inicialmente sentaron las bases de lo que se conocería como estoicismo; no disponemos de obra, ni completa ni conservada, sólo referencias por historiadores o autores posteriores que hablan de obras que han llegado a sus manos de estos pensadores.

Sin embargo, sabemos que Zenón escribió *República*, una obra en directa oposición al libro homónimo de Platón. En ella, esbozó su sociedad ideal basada en principios igualitarios. Plutarco escribe sobre esta República: «tiene como único objetivo que, ni en las ciudades ni en los pueblos, vivamos bajo leyes distintas unas de otras, sino que consideremos a todos los pueblos en general como nuestros conciudadanos y ciudadanos, observando una misma manera de vivir y un mismo tipo de orden, como un rebaño que se alimenta con igual derecho en un pasto común». También ha quedado bastante claro que a Zenón debemos premisas como que existe un orden racional y natural de las cosas, y que el bien consiste en que las personas vivan de acuerdo con ese orden. Zenón no estaba muy de acuerdo con las convenciones sociales, porque lo políticamente correcto podía estar sesgado por emociones o irracionalidad, lo cual iría en contra de la naturaleza.

Citas de Zenón de Citio

«El pensamiento debe ser más fuerte
que la materia, y la voluntad más poderosa que
el sufrimiento físico o moral.»

«Ningún mal es honorable; pero la muerte
es honorable; luego la muerte no es mala.»

«Todos los buenos son amigos unos de otros.»

«Ninguna pérdida debe sernos más sensible que la del tiempo, puesto que es irreparable.»

«Cuando pones fe, esperanza y amor juntos, puedes criar niños positivos en un mundo negativo.»

«Recordad que la naturaleza nos ha dado dos oídos y una boca para enseñarnos que vale más oír que hablar.»

«La fortuna quiere que tenga yo mayor libertad para filosofar.»

Con él nace el estoicismo, y con él aprende Cleantes.

Cleantes de Asos (330 a 300 a.C. – 230 a 232 a.C.)

Escritores famosos como Trollope y Kafka eran conocidos por llevar una doble vida: trabajos cómodos y aburridos durante el día y escribir el resto del tiempo. Trollope trabajaba en una oficina de correos y Kafka en una compañía de seguros. Ambos eran empleos que requerían poco esfuerzo mental, por lo que les permitían centrarse plenamente en su producción creativa el resto del tiempo. Por supuesto, esta estrategia no era para nada original.

Un referente de este doble estilo de vida fue Cleantes, el sucesor de Zenón, conocido como el fundador formal del estoicismo.

De origen humilde, trabajaba como aguador por la noche. El motivo era poder dedicar el día a profundizar en alcanzar la sabiduría mediante el estudio filosófico. Por ese motivo su apodo en el mundillo era «el Recolector de Agua del Pozo». Antes había realizado otros múltiples trabajos físicos de diversa índole. No pudo ponerse a estudiar filosofía hasta los cincuenta años. Para complicar más las cosas cayó bajo sospecha e incluso fue convocado a la corte de justicia. ¿Cómo podía un hombre pasar todo el día estudiando filosofía? Demostrando su arduo trabajo y su laboriosidad durante la noche, lo dejaron libre. El tribunal quedó tan impresionado que incluso le ofrecieron dinero, pero Cleantes lo rechazó, igual que rechazaría la ciudadanía ateniense.

Cleantes de Asos comenzó su carrera profesional como boxeador. Recordemos que Platón no era un nombre, sino un apodo, debido a sus espaldas anchas, dado que era luchador de lucha grecorromana. Según Diógenes Laercio, llegó con sólo cuatro dracmas como todo patrimonio a la ciudad de Atenas. Centro neurálgico de sus intereses, decidió aprender de Crates el Cínico, para posteriormente unirse a las conferencias de Zenón, a quien sucedería al frente de la escuela estoica. Más longevo incluso que el longevo maestro, ocupó este puesto durante un impresionante periodo de treinta y dos años. Y no lo hizo nada mal, ya que su principal discípulo, Crisipo, se convirtió más tarde en uno de los pensadores estoicos más importantes.

Al leer sobre Cleantes se encuentra una curiosa lección transmitida por Diógenes Laercio:

> Cuando alguien le preguntó qué lección debía dar a su hijo, Cleantes respondió citando palabras de la Electra: «Silencio, silencio y que la luz sea tu paso».

Y como estoico, también sostenía que vivir según la naturaleza es vivir virtuosamente. Sin embargo, se caracterizaba por relacionar la naturaleza con la divinidad. Algún estudioso afirma con rotundidad que con Cleantes empieza la filosofía a parecerse a la religión. Para Cleantes la creación del cosmos, el destino, la providencia, y todo lo que acontecía, era por la voluntad y el deseo de Zeus, es decir, de la Naturaleza. Todo era uno y trino. En un himno a Zeus que se conserva, titulado *Príncipe y Amo de la Naturaleza*, incluía sentencias como: «Es a ti a quien obedece todo este universo que gira alrededor de la Tierra».

Murió a la edad de noventa y nueve años en Atenas. El filósofo Simplicio, escribiendo en el siglo VI d.C., recordaba que una estatua de Cleantes era todavía visible en Asos. El Senado romano quería respetar su memoria de este modo.

Obras importantes y lecturas sugeridas

Al igual que en el caso de Zenón, se ha conservado muy poco de la obra de Cleantes. Escribió libros sobre la filosofía de Heráclito, interpretaciones de Zenón y obras sobre poesía y mitos. La mejor fuente sobre Cleantes que tenemos, al igual que con Zenón, es Diógenes Laercio en su *Vidas de los filósofos eminentes*. La única obra que se conserva es su famoso himno a Zeus. Una parte se encuentra en el *Enquiridión* de Epicteto. La oda entera no es complicada de conseguir. En ella deja clara la importancia de la divinidad («Guíame, oh, Zeus, y tú destino»), del destino («A la meta que hace tiempo me fue asignada») y de seguir las leyes de la naturaleza («Te seguiré»).

Su fuerte personalidad le hizo enfrentarse a las corrientes coetáneas ya comentadas. Epicúreos, escépticos y cínicos, e incluso el propio Crisipo, se encontraron de frente con sus planteamientos. *Mens forte in corpore forte*, fuerte personalidad en un cuerpo fuerte. Desafortunadamente, una úlcera le hizo dejar de comer un tiempo, y considerando que su labor estaba completa, siguió con el ayuno hasta su final.

Citas de Cleantes de Asos

Sus principales citas son sacadas del himno a Zeus o de referencias que hace él a otras obras ante preguntas que recibe de sus discípulos. Recordado por Séneca, Plutarco o Diógenes.

«Los destinos guían a quien los acepta,
pero arrastran a quien se les resiste.»

«Hay una gran ley en toda la naturaleza.»

«Los hombres ignorantes se diferencian
de las bestias sólo en su figura.»

Crisipo de Solos
(281 a 278 a.C. – 208 a 205 a.C.)

Discípulo de Cleantes desde muy joven y su *sparring* dentro del movimiento estoico. Para algunos fue el segundo fundador de la escuela estoica por su importancia al expandir las bases de pensamiento sentadas por Zenón. Si Cleantes era de complexión fuerte, se cree que Crisipo era más bien bajito. Si Cleantes era luchador, Crisipo prefería las carreras de larga distancia. También longevo, vivió más de setenta años.

Estudió en la Academia platónica, pero terminó siendo uno de los principales exponentes del estoicismo antiguo. Inteligente, se le atribuyen importantes méritos en los fundamentos del estoicismo. Desde sentar las bases de la dialéctica, pasando por convertir la gramática en disciplina específica, hasta la capacidad de apuntalar aspectos teóricos con gran confianza en sí mismo. Esa confianza llegaba al punto de ser recordadas frases suyas como: «Sólo necesito saber los dogmas, ya hallaré luego las demostraciones».

Estudioso incansable, también tiene su historia de superación personal. Si Zenón perdió su fortuna por un naufragio, Crisipo lo hizo por un problemilla con la Hacienda de la época. Hay dos teorías sobre su muerte. Una reza que falleció tras sufrir vértigos por beber vino sin rebajar. La otra atribuye su muerte a una desgracia muy específica, un ataque de risa por un chiste que se le ocurrió sobre dar un vaso de vino a un burro.

Obras importantes y lecturas sugeridas

Otro escritor notable, se le atribuyen más de setecientas obras, de las que lo que nos ha llegado ha sido en forma de fragmentos y referencias. Su obra era tan valiosa que le mencionan Cicerón, Séneca, Plutarco, Galeno y, en general, todos los grandes. La editorial Gredos publicó dos volúmenes de *Testimonios y fragmentos*. Parte de su obra se ha encontrado en los *Papiros herculanos*, una colección de 1.800 papiros carbonizados, encontrados en el siglo XVIII en la ciudad de Herculano, ubicada junto al Vesubio. Estos documentos sobrevivieron a la erupción, y están siendo publicados utilizando tecnologías modernas como tomografías de contraste. En la revista *Nature Communications* se explicaba el proceso seguido para poder acceder a ellos, comprobando que en su mayoría son textos epicúreos y estoicos en griego.

A Crisipo le sucederá al frente del estoicismo Zenón de Tarso (para no liarnos con tanto Zenón y como su aportación no fue tan relevante, vamos a dar un pequeño salto hasta Hécato de Rodas una vez conozcamos mejor a Crisipo). En medio encontramos primero a Diógenes de Babilonia (circa 230 a.C.– circa 150/140 a.C.), sirio que dirige la escuela tras Zenón de Tarso y realiza aportaciones en el campo del lenguaje y de la ética. Y después a su discípulo, Panecio de Rodas (185 a.C. – 110 a.C.), quien vivió en Roma y adaptó el estoicismo al sentir romano incluyendo aspectos de Platón y Aristóteles. Tampoco se conserva de él obra ninguna, aunque su *Acerca de los deberes* fue la base de la obra de Cicerón, *Sobre los deberes*, quien hace múltiples referencias a Crisipo. Este último viajó mucho por África y Asia, y terminó en Atenas, donde dirigió la escuela, abandonando teorías clásicas (la inmortalidad del alma, por ejemplo) y formando la nueva hornada de estoicos.

Como todo gurú que se precie debe dejar su impronta y amplía el concepto virtud distinguiendo varias virtudes particulares. Crisipo reconocía la existencia del mal, pero como un elemento necesario: «El mal no se puede quitar, ni está bien que se quite». Lo consideraba una parte imprescindible de la existencia. Ampliando sobre las enseñanzas de Platón, argumentaba que «era imposible que el bien existiera sin el mal, pues no se podía conocer la justicia sin la injusticia, el valor sin la cobardía, la templanza sin la intemperancia o la sabiduría sin la necedad».

Fue muy importante su trabajo en la lógica y las proposiciones. No olvidemos que el padre de la teoría de la comunicación sobre la que se basan nuestros modernos computadores y dispositivos móviles nace del placer por la filosofía y la lógica de Claude Shannon. También John von Neumann, creador de la «arquitectura de Von Neumann», que es base de cualquier computador, y desarrollador de la teoría de juegos, había estudiado filosofía, aplicándola a las matemáticas y las ciencias de computación. ¿Cómo? Crisipo comenzó a trabajar sobre proposiciones («si...», «es... o...») y conectores lógicos («y»), relacionándolos con el concepto de «verdad». Desarrolla un sistema básico de silogismos que utiliza cinco argumentos con los que argumentar mediante silogismos y axiomas.

Un silogismo es un esquema deductivo de un argumento formal que consta de una premisa mayor, una menor y una conclusión. La premisa mayor se asume como cierta. La conclusión combina ambas premisas. Un ejemplo de silogismo es «Todos los seres humanos son mortales. Todos los estoicos son seres humanos. Por lo tanto, todos los estoicos son mortales». En un silogismo, la premisa más general se llama premisa mayor («Todos los seres humanos son mortales»). La silogística, en lógica, es el análisis formal de los términos y operadores lógicos, y de las estructuras que permiten inferir conclusiones verdaderas a partir de premisas dadas. Las tres principales formas son el condicional («Si A es cierto entonces B también», «Si A entonces B»), el disyuntivo («Si A es cierto entonces B no», «A o B»), y el categórico («Si A está en C y B está en A, entonces B está en C»).

Aristóteles introdujo los silogismos como herramienta de argumentación, Crisipo los adoptó para el estoicismo y los llevó al siguiente nivel. Para empezar, su visión restrictiva de los condicionales hacía las paradojas imposibles, simplificando mucho la comprensión de éstos. Le encantaba refutar falacias y resolver paradojas o puzles. Una de las paradojas a las que dedicó más tiempo fue la paradoja del mentiroso, cuyo origen se atribuye a Eubulides de Mileto: «Un hombre afirma que está mintiendo, entonces, ¿lo que ha dicho es cierto o falso?». O como solemos responder nosotros cuando nos preguntan si hemos hecho algo embarazoso, «no sólo no lo hemos hecho, sino que jamás lo volveremos a hacer». Esta paradoja ha sido usada a menudo en ficción, normalmente como herramienta para bloquear inteligencias artificiales. Por ejemplo, en capítulos de *Star Trek* o *Doctor*

Who, en libros como *Guía del autoestopista galáctico* o en la seria animada sobre *Minecraft: Story Mode*.

Sobre cómo vivir una buena vida Crisipo dedicó un libro entero a las pasiones y cómo evitarlas, ya que las consideraba como una enfermedad. Sienta las bases que explicábamos al principio del estoicismo. Lo bueno, lo malo y lo indiferente moralmente. El ser humano es parte de la naturaleza y debe vivir según sus reglas, siendo ético y moral de partida. También escribió sobre dioses, interpretando a los conocidos Zeus o Poseidón como manifestaciones de la naturaleza.

> Deberíamos inferir en el caso de una hermosa morada que fue construida para sus dueños y no para los ratones; debemos, por lo tanto, de la misma manera considerar el universo como la morada de los dioses.

Crisipo intentó demostrar que Dios existía, con un argumento potente para la época, pero difícil de sostener según ha avanzado el método científico (la ausencia de evidencia no es evidencia de ausencia).

> Si hay algo que la humanidad no puede producir, el ser que lo produce es mejor que la humanidad. Pero la humanidad no puede producir las cosas que están en el universo, los cuerpos celestes, etc. El ser, por tanto, que las produce es superior a la humanidad. Pero ¿quién hay que sea superior a la humanidad, sino Dios? Por lo tanto, Dios existe.

A pesar de su interés por los dioses en general y por Dios-Naturaleza en particular, Crisipo consideraba que la clave de una buena vida era el valor y la dignidad del individuo, así como el poder de la voluntad para comportarse de manera apropiada.

Citas de Crisipo de Solos

«Si supiera que mi destino es enfermarme,
incluso lo desearía; porque también el pie, si tuviera
inteligencia, se prestaría voluntario para enlodarse.»

«Si hubiera seguido a la multitud,
no habría estudiado filosofía.»

«Vivir virtuosamente es igual a vivir de acuerdo con
la propia experiencia del curso real de la naturaleza.»

«El que está corriendo una carrera debe
esforzarse y esforzarse al máximo de su capacidad
para salir victorioso; pero está completamente mal
que haga tropezar a su competidor o lo haga
a un lado. Así que en la vida no es injusto que
uno busque para sí mismo lo que pueda resultar
en su beneficio; pero no está bien quitárselo a otro.»

Hécato de Rodas (*circa* 100 a.C.)

Era nativo de Rodas y discípulo de Panecio, pero no se sabe mucho de su vida. Parece claro que fue eminente entre los estoicos de la época, tanto por sus menciones como por el volumen de su obra.

Entre su principal aportación está categorizar las virtudes. Por un lado, estarían las virtudes basadas en la ciencia, es decir, la sabiduría y la justicia. Por otro, las que no se sustentan sobre el método científico, a saber, la templanza y el vigor o el coraje. Como Cleantes y Crisipo, sostiene que la virtud se puede enseñar. Igual que Adam Smith postulaba que cuando alguien hace lo que es mejor para sí mismo, el resultado redunda en lo mejor para la sociedad. Hécato consideraba el interés personal como el mejor criterio para la toma de decisiones. Este planteamiento redunda en que la obtención de riqueza es una parte necesaria del proceso de alcanzar la virtud, al ser parte de las necesidades y la prosperidad de la familia, la comunidad y el propio Estado.

> Es la obligación de un hombre sabio cuidar de sus intereses privados, a la vez que no lleva a cabo ninguna acción en contra de las costumbres civiles, leyes e instituciones. Pero ello depende de nuestro propósito al buscar la prosperidad; porque no deseamos ser ricos sólo para nuestro beneficio, sino para el de nuestros hijos, parientes, amigos y, sobre todo, nuestra nación. Ya que las fortunas privadas de los individuos constituyen la riqueza del Estado.

Para Hécato el dilema moral, más específicamente el conflicto de interés, era una de sus principales áreas de estudio. Primero, determina que las normas morales deben poder ser de aplicación práctica. Es decir, deben proporcionar una herramienta clara y sencilla para su cumplimiento. Del mismo modo que nuestra legislación necesita de reglamentos para implementar las leyes. Ahora bien, la moral depende de varios aspectos, ya que Hécato considera que hay más de una virtud y cada una de ellas tiene un peso distinto, un impacto diferente en nuestra conciencia. Saber qué peso tiene cada una en nuestra conciencia no es fácil, así que la mejor manera de determinar cómo comportarnos correctamente es amar al prójimo de manera extensiva. Amor y amistad, ambas. De este modo, al hacer el bien a otros, esto se difundirá y redundará en el bien para nosotros mismos además de para toda la sociedad. Sí, parece una introducción a la idea del karma.

Obras importantes y lecturas sugeridas

Fue un autor prolífico, pero como con tantos otros no nos ha llegado nada. Diógenes Laercio menciona seis tratados escritos por Hécato: *Sobre mercancías*, *Sobre las virtudes*, *Sobre las pasiones*, *En los extremos*, *Sobre paradojas* y las *Máximas*. Por otra parte, Cicerón menciona su obra *Acerca de los deberes* y Séneca cita con frecuencia a Hécato en su tratado *De los beneficios*. Aparece una y otra vez en sus escritos. La mejor manera de conocerle es a través de estos dos grandes.

Citas de Hécato de Rodas

«Yo te enseñaré un hechizo amatorio,
sin drogas, sin hierbas, sin ensalmo de brujas:
si quieres ser amado, ama.»

«Si dejas de esperar, dejarás de temer.»

«¿Qué progreso, te preguntarás, he hecho? He comenzado a ser un amigo de mí mismo.»

Marco Tulio Cicerón (106 a.C. – 43 a.C.)

Romano, más conocido como Cicerón el Joven, fue un todoterreno. Jurista, orador, escritor, político y, por supuesto, filósofo. Estrictamente fue más un filósofo escéptico que estoico. Pero su importancia para nosotros reside en que fue el introductor del pensamiento helénico en la pujante sociedad romana. Traductor oficioso del pensamiento griego al latín, esto supuso en múltiples casos la necesidad de crear conceptos nuevos como *evidentia*, *humanitas*, *qualitas* o *quantitas*. Según algunos historiadores, alrededor del 75 por ciento de la literatura en lengua latina de su época fue escrita por él. Convirtió una lengua utilitaria, de andar por casa, en una herramienta capaz de expresar pensamientos complejos con claridad. Julio César decía que más importante que su trabajo en extender las fronteras del Imperio romano fue el trabajo de Cicerón al extender mucho más el espíritu romano, a través del idioma y la literatura. Como diría dos milenios después Steve Jobs: «la persona más poderosa del mundo es el contador de historias».

Aunque de familia plebeya venida a más, tuvo recursos para desarrollar una inteligencia superlativa. Estudió Derecho en Roma con los principales abogados de la época, comenzando a escribir muy joven. Viajó y estudió con filósofos de diversas escuelas en Atenas, como Archias y Apolonio, y hablaba griego con fluidez. El estoicismo lo aprende con Zenón y Posidonio, y desarrolló una moral marcadamente estoica. Pero estudió también platonismo, epicureísmo, escepticismo y peripatetismo. Combinando teorías de las diferentes escuelas, a menudo no se le tiene por un estoico más, aunque en su obra se referencia a muchos de ellos profusamente. La llegada de Panecio a Roma supuso un empujón importante al estoicismo, y Cicerón se convierte en uno de los primeros filósofos en escribir en latín, facilitando la difusión y comprensión del pensamiento griego en la pujante sociedad romana del momento.

Se distancia en lo relativo a la ley natural, ya que su pasado entre leyes le hace oponer la ley civil y el derecho natural. En la lógica se centra en la argumentación, la búsqueda de la verdad con coherencia y la importancia de evitar la certeza absoluta entendiendo las probabilidades.

Estudia con interés cómo vivir bien, aceptando como los estoicos la felicidad como meta. Compara la definición de diferentes escuelas al respecto, desde el placer epicúreo hasta la conformidad con la naturaleza estoica. Cicerón se plantea si es la naturaleza del cuerpo o la del espíritu. En lo relativo a la física, no muestra mayor interés por los elementos, el fuego o el materialismo atómico; sí sobre la voluntad divina y las libertades individuales. Considera el universo igual a Dios, son el mismo concepto, aunque también reniega del fuego o del calor como fuente primigenia de creación de vida o conocimiento. La razón viene de entender el diseño de los mecanismos de la naturaleza. Por supuesto, escribe sobre el destino y los grados de libertad humana que deja, rechazando el determinismo.

También escribe de moral, asociada sobre todo a la política. Así, rechaza el escepticismo por el riesgo de que no se acepte el imperio de la ley por los ciudadanos:

> Existe una ley verdadera, la recta razón, conforme a la naturaleza, universal, inmutable, eterna, cuyos mandatos estimulan al deber y cuyas prohibiciones alejan del mal. Sea que ordene, sea que prohíba, sus palabras no son vanas para el bueno, ni poderosas para el malo. Esta ley no puede contradecirse con otra, ni derogarse en alguna de sus partes, ni abolirse toda entera. Ni el Senado ni el pueblo pueden libertarnos de la obediencia a esta ley.

Obras importantes y lecturas sugeridas

Una buena manera de comenzar es con sus cartas. El género epistolar nace con él prácticamente. El redescubrimiento de sus cartas por Petrarca se suele usar como punto de partida del Renacimiento en el siglo XIV.

Conocido como «el traductor de la filosofía griega», parte de su extensa obra es hasta cierto punto recopilatoria, y no sólo del estoicismo. En *Cuestiones académicas* reflexiona sobre la verdad; *De finibus* son varios libros sobre la felicidad y sus diferentes definiciones según las escuelas; en *Tusculanes* revisa las preguntas existenciales de éstas.

Escribe numerosos tratados: sobre la amistad o la vejez; de oratoria y retórica; sobre el destino —*De fato*—, la adivinación —*De divinatione*— o la naturaleza de los dioses. Su obra *De gloria* nos llega como conjuntos de citas breves. En *De Republica*, *De legibus* y *De officiis* (*Sobre la*

República, Sobre las leyes y *Sobre las obligaciones*) aborda temas como la gloria y la deificación de soldados o filósofos en un formato de obras dialogadas. Este último tratado está escrito en forma de cartas a su hijo. Sus *Discursos* son famosos, muestra de su capacidad como orador. Entre ellos las *Filípicas* contra Marco Antonio. El *Hortensius* se ha perdido, pero no su influencia. Sobreviven 52 discursos de los 88 de los que hay constancia.

Gran parte de las obras mencionadas se han perdido y las conocemos por referencias de autores o pensadores como Petrarca o San Agustín, que fueron notablemente influenciados por ellas. Se atribuye a Cicerón el inspirar el Renacimiento en el siglo XIV, así como la Ilustración en el siglo XVIII. Montesquieu, Hume, Locke, Diderot, también padres fundadores de Estados Unidos como John Adams o Thomas Jefferson, nombran explícitamente a Cicerón como estadista y filósofo de lectura imprescindible. Los republicanos de la Revolución francesa bebieron también profusamente del conocimiento de Cicerón. En este loco siglo XXI la obra del maestro vuelve a demostrar su atemporalidad inmortal.

Porque a pesar de lo perdido, una gran cantidad de material ciceroniano ha llegado a nuestros días, es fácilmente accesible, y muy recomendable en sus modernas adaptaciones.

Citas de Cicerón

Su obra es prolífica, y sus diferentes escritos, donde desarrolla diversos estilos de escritura para facilitar su comprensión, nos han dejado gran cantidad de citas reconocibles. A continuación, algunas de ellas, fuentes inmortales de sabiduría popular:

«Si quieres aprender, enseña».

«Una cosa es saber y otra es saber enseñar.»

«Seamos esclavos de las leyes para
poder vivir en libertad.»

«La filosofía es el cultivo de las facultades
mentales. Desarraiga nuestros vicios y prepara
el espíritu para recibir la semilla adecuada.»

«No hay nada hecho por la mano del hombre
que tarde o temprano el tiempo no destruya.»

«Las raíces del estudio son amargas; los frutos, dulces.»

«El don más noble y excelente que el cielo
ha concedido al hombre es la razón, y entre todos
los enemigos con los que la razón tiene que
luchar, el placer es el más importante.»

«¿Qué cosa más grande que tener a alguien con
quien te atrevas a hablar como contigo mismo?»

«Si tienes un jardín y una biblioteca,
tienes todo lo que necesitas.»

«Una habitación sin libros es como un cuerpo sin alma.»

«Los tiempos son malos. Los niños ya no obedecen a sus padres y todo el mundo está escribiendo un libro.»

«En tiempo de guerra la ley calla.»

«La vida que nos ha sido dada,
por naturaleza es corta; pero el recuerdo
de una vida bien empleada es eterno.»

«Mientras hay vida hay esperanza.»

«Si no nos avergonzamos de pensarlo,
no deberíamos avergonzarnos de decirlo.»

«La gratitud no es sólo la mayor de las virtudes,
sino la madre de todas las demás.»

«La amistad aumenta la felicidad y disminuye la miseria,
al duplicar nuestras alegrías y dividir nuestro dolor.»

«Estudiar filosofía no es más que prepararse para morir.»

«Los cambios de fortuna ponen a prueba
la confiabilidad de los amigos.»

«No es por el músculo, la velocidad o la destreza
física que se logran las grandes cosas, sino por
la reflexión, la fuerza de carácter y el juicio.»

«El amor que diste en vida mantiene viva a la gente
más allá de su tiempo. Cualquiera a quien se le dio
amor vivirá siempre en el corazón de otro.»

«La vida de los muertos está puesta
en la memoria de los vivos.»

«Seis errores que la humanidad sigue
cometiendo siglo tras siglo:

1. Creer que la ganancia personal
se obtiene aplastando a los demás.
2. Preocuparse por cosas que
no se pueden cambiar o corregir.
3. Insistir en que una cosa es imposible
porque no podemos lograrla.
4. Negarse a dejar de lado las preferencias triviales.
5. Descuidar el desarrollo y refinamiento de la mente.
6. Intentar obligar a otros a creer
y vivir como nosotros.»

A pesar de no ser un filósofo estoico es muy recomendable estudiar y leer a Cicerón, quien fue el gran difusor del pensamiento de la época hacia el futuro. Un futuro incluso más lejano de lo que podría haber imaginado.

Marco Porcio Catón, Catón el Joven (95 a.C. – 46 a.C.)

Volvemos a los filósofos estoicos, con *Cato Minor*. Catón el Joven, para diferenciarlo de su bisabuelo, por cierto, conocido como Catón el Viejo o el Grande. Para George Washington y su joven América revolucionaria, Catón el Joven era la Libertad, en mayúsculas. El último hombre que quedó en pie cuando cayó la República de Roma. Para siglos de filósofos y teólogos, Catón era el Buen Suicida, la excepción más persuasiva y con más principios a la regla contra el autosacrificio. Para Julio César, el dictador que famosamente perdonaba a todos sus oponentes, Marco Porcio Catón era el único hombre al que nunca podría perdonar. Faro moral, siempre condenó y señaló la creciente corrupción que le rodeaba.

George Washington y su entorno entraron en contacto con la historia de Catón en forma de la obra de teatro más popular de su tiempo: *Catón: una tragedia en cinco actos*, de Joseph Addison. Esta obra sobre Catón se convirtió en la principal fuente de citas en declaraciones públicas y correspondencia privada de la mayoría de los prohombres de la época.

John y Abigail Adams se citaban a Catón mutuamente en su correspondencia más íntima. Patrick Henry se enfrentó al rey Jorge citando a Catón, exigiendo dramáticamente libertad o muerte. Nathan Hale se lamentaba de poder sacrificar sólo una vez su vida por su patria, mientras esperaba su destino en la horca preparada por el ejército británico, parafraseando directamente al filósofo romano. El mayor elogio en la América revolucionaria era ser reconocido como «el Catón americano», honor que recayó en prohombres como George Washington o John Adams. Y cuando Washington le escribió a Benedict Arnold, antes de su traición que «no está en el poder de ningún hombre mandar el éxito; pero usted ha hecho más, se lo ha merecido», también tomó las palabras del Catón de Addison.

Las referencias a Catón, su rigor, moralidad y disciplina, seguirán a lo largo de la historia en pensadores subsiguientes, al igual que en la literatura.

Durante dos milenios Catón ha sido imitado, estudiado, despreciado y venerado. En su época, fue un soldado y un aristócrata, un senador y un estoico, temido y respetado. El último de una línea familiar de prominentes estadistas, Catón pasó toda su vida ante la opinión pública como el abanderado de los *Optimates* (los nobles, los mejores), la facción política más tradicionalista de Roma. Ya desde la adolescencia era requerido por emperadores y pensadores por su discurso directo y su visión preclara. Nada más recibir una herencia familiar se independizó y comenzó a estudiar filosofía estoica y política. Decidió vivir de manera modesta, no por necesidad, sino por convicción filosófica. Entre sus férreas convicciones estaba la de defensor de la constitución original de Roma. Conservador, abogaba por mantener el sistema de gobierno que, consideraba, facilitó la transformación de una pequeña ciudad en el corazón de una República, la nación más influyente de su tiempo. Pero, sobre todo, ansiaba terminar con la corrupción que ahora reinaba en su interior.

Catón hizo carrera con su pureza, con su negativa a ceder un ápice ante las presiones para transigir y pactar. El suyo fue un tipo político poderoso y duradero: el hombre que alcanza el poder sin desearlo, por pura convicción de que es necesario estar en política sin ser político ni necesitar el poder o el puesto. Era un enfoque estratégico, diseñado para obtener de sus enemigos una marcada inferioridad moral ante él, mostrándolos como inferiores a ojos de los demás. Desafortunadamente, enfrentarse de este modo continuamente tuvo como resultado una aplastante derrota. Nadie hizo más que Catón para enfurecer a enemigos y amigos, con su rectitud y su actitud.

Enemigo frontal de Julio César, la historia y el propio emperador consideran sin dudar a Catón némesis y Pepito Grillo. Siempre al nivel de César en elocuencia, en convicción y en fuerza de carácter. Igualmente, capaz de mantener sentado al Senado con un discurso de memoria, de sol a sol al más puro estilo castrista, como de aventurarse durante todo un mes a cruzar caminando las conquistas romanas en el arenoso mediterráneo africano.

Es difícil entender a Julio César sin entender a Catón. Sin embargo, el nombre de Catón apenas se conoce y estudia en tiempos modernos, al contrario que el de su archienemigo. Tal vez sea el coste de su derrota política; tal vez sus virtudes estén pasadas de moda; o simplemente se le ha olvidado porque dejó muy pocas cosas concretas. No escribió epopeyas celebrando sus propios y grandes logros, como hizo César. Fue un comandante militar valiente, abnegado y exitoso, pero mientras César glosaba campañas apasionantes en tercera persona de sus hazañas, Catón esperaba que sus actos hablaran por él. Su nombre fue proverbial en su época, pero nunca hizo ostentación ni buscó que quedara inmortalizado en estatuas o monumentos. Estudió filosofía con gran intensidad, y la practicó convirtiéndose en el modelo del inquebrantable ideal estoico, pero prefirió que su filosofía fuera vivida, no escrita. De hecho, el único escrito de Catón el Joven que se conserva es una única y breve carta.

Para Catón la única forma válida de promoción era el ejemplo, en línea con los preceptos estoicos. La conducta conspicua de su vida fue justa a los ojos de sus amigos, y autojustificada a los de sus enemigos. La Roma de Catón rebosaba de riqueza importada; Catón eligió vestir la ropa sencilla y anticuada de los míticos fundadores de Roma e ir descalzo bajo el sol y el frío. Los hombres poderosos se regalaban villas y viñedos; Catón prefería humildad, sencillez y una vida comparativamente monacal. La política romana estaba bien engrasada con sobornos, matrimonios estratégicos y favores por debajo de la mesa; el voto de Catón fue famoso por no tener precio. Todos estos gestos eran, a su manera, un mensaje deliberado y duro a las gentes de Roma, poniéndolos ante el espejo de su propia corrupción y permisividad. Mensajes que él consideraba necesarios para despertarlos e impulsar un cambio, pero que no animan al ciudadano a pedir loas, memoriales o recordar a quien le recuerda sus miserias.

Mucho antes de que Manolo García lo cantara con El Último de la Fila, Catón, respondía a las críticas por sus silencios y esperas con el clásico: «Empiezo a hablar sólo cuando estoy seguro de que lo que voy a decir no es mejor dejarlo sin decir». Completamente a contracorriente en estos tiempos en que la propia opinión es el alfa y el omega de todo.

Obras importantes y lecturas sugeridas

Hay muy poca obra escrita por el propio Catón. Impensable una autobiografía, en vista de lo visto. Tampoco era dado a los ensayos ni a relatar su vida en diarios. Su importancia viene de su ejemplo, su propia vida estoica. Catón adoptó la filosofía estoica y se convirtió en la cara visible de la misma en su época. Teniendo en cuenta que fue militar, tribuno, pretor, cuestor y gobernador, su impacto en la sociedad de la época era notable. Con su modo de comportarse dio relevancia al estoicismo; con su ejemplo y su firmeza consiguió que se respetase la filosofía estoica.

Si bien fue un tema de interés para cualquier estudioso del mundo romano, debemos a Plutarco conocer su vida y grandeza con suficiente detalle. Biógrafo griego, magistrado y sacerdote de Apolo bajo el emperador Trajano, adoptó el nombre romano de Lucio Mestrio Plutarco. Es conocido por sus *Vidas paralelas de griegos y romanos eminentes*, una colección que incluye la biografía de Catón.

Hay buenas razones para creer que Plutarco se basa en relatos de testigos para glosar la vida de Catón. Joseph Michael Conant, autor de *The Younger Cato: A Critical Life with Special Reference to Plutarch's Biography* (Catón el Joven: una vida crítica con especial referencia a la biografía de Plutarco), defiende firmemente que Plutarco trabajó en gran medida a partir de dos fuentes, ahora perdidas. Una de ellas era probablemente Cicerón, fuente de varios eventos importantes de la vida política de Catón, desde la perspectiva de un hombre que vio muchos de ellos de primera mano. La otra fue una vida de Catón escrita por Thrasea Paetus, el senador estoico condenado por Nerón; esta obra, a su vez, se basaba en las memorias de Munatius Rufus, estoico y coetáneo de Catón. Parecen fuentes fiables, escritas por dos cercanos e íntimos conocedores de Catón: un aliado político y un amigo personal. Dado que la vida de Plutarco parece tener su origen en relatos de primera mano, y contiene gran riqueza de detalles, podemos concluir que Plutarco «nos acerca lo más posible al Catón histórico», como afirmaba el clasicista Robert J. Goar.

Durante más de dos mil años no hubo ninguna biografía completa de Catón fuera de la obra de Plutarco. En 2011, Jimmy Soni y Rob Goodman se empeñaron en escribir una, dando como resultado la posiblemente mejor obra que cubre, de momento, la vida de Catón en toda su extensión: *Rome's Last Citizen: The Life and Legacy of Cato, Mortal Enemy of Caesar* (El último ciudadano de Roma: Vida y legado de Catón, enemigo mortal de César). Para construirla se han inspirado en una extensa cantidad de publicaciones, entre ellas *Rubicón*, de Tom Holland.

Cualquiera que tenga un mínimo interés en la historia de Roma —o crea que podría tenerlo— debe hacerse con una copia de *Rubicón* inmediatamente. Es apasionante y reflexivo; pero lo más importante, el lector no creerá ni por un minuto que está leyendo historia antigua.

Citas de Catón el Joven

Ya comentamos que hay poca obra escrita de Catón, pero aun así nos han llegado algunas frases reseñables.

«Qué hombre tan osado y tan cobarde al mismo tiempo el que contra uno solo, desarmado y desnudo, ha levantado tanta gente.»

«Era propio de los mismos que causaban grandes males el hacerlos César.»

«A quien sabes que lo necesita no vendas aquello que puedes darle gratis.»

«Haz el estúpido cuando las circunstancias lo pidan: fingirse estúpido en el momento oportuno es una gran sabiduría.»

«La primera virtud es frenar la lengua, y es casi un dios quien teniendo razón sabe callarse.»

«Sé loco cuando la ocasión te lo reclame.»

«Intenta convencerte de que la muerte no debe ser temida: de hecho, ésta, si no es un bien, es al menos el fin de todos los males.»

«Cuenta siempre los favores que recibes de los otros, pero calla los favores que haces tú a los otros.»

«No es tiempo de vacaciones y recreo,
sino que es menester contener a este hombre
o morir honrosamente contendiendo
por la libertad.»

«No pierdas el tiempo en discutir con los estúpidos
y los charlatanes: la palabra la tienen todos,
el buen juicio sólo unos pocos.»

«Amargas son las raíces del estudio,
pero los frutos son dulces.»

Otra de las grandes influencias de Catón fueron los pensadores y filósofos que siguieron su ejemplo y continuaron ampliando el marco estoico.

Séneca El Joven (4 a.C. – 65 d.C.)

Lucio Anneo Séneca, conocido como Séneca el Joven porque todavía no se había puesto de moda lo de llamar a los hijos del mismo nombre «júnior», fue otro referente al nivel de Cicerón. Salvo por los estudios en Derecho, filosofó, escribió, fue orador y político. Romano, en tanto en cuanto el imperio llegaba ya a la península ibérica de su Córdoba natal. Su padre fue tutor y consejero de Nerón, el emperador, además de otros cargos políticos importantes. Séneca también hizo sus pinitos en política durante la época de Nerón. Con él se inicia el estoicismo tardío. Su influencia en Epicteto y Marco Aurelio, pero sobre todo en las futuras generaciones, es abrumadora.

No tuvo buena salud. El asma que padecía desde niño le salvó la vida, paradójicamente. En medio de una intriga palaciega que parecía iba a terminar con su vida, su delicada salud hizo pronosticar una muerte cercana y sus enemigos aceptaron que abandonara la vida pública. Vivió varias décadas tras esto.

Al autor Nassim Taleb, un intelectual fascinante siempre y cuando no le lleves la contraria en redes sociales, le gusta contar la historia de Tales de Mileto. Tales es un antiguo filósofo griego que estaba «cansado de que sus compañeros bromeasen con aquello de "los que pueden, hacen, los que no, filosofan"». Y, al parecer, Tales se lo tomó a pecho: después de algunos movimientos financieros inteligentes, incluyendo predicciones de cosechas y compras de molinos, consiguió una gran suma de dinero que le permitió confirmar que su afán por la filosofía era auténtico. Para demostrar que no era un caso en el que denunciaba la riqueza por despecho ante la incapacidad de tener éxito.

Y Séneca fue otro filósofo para el que la cuestión de la riqueza y los bienes ocupó un lugar central: ¿cómo es posible que un supuesto filósofo estoico fuera en un momento dado una de las personas más ricas del Imperio romano? Sólo esta paradoja hace de Séneca una de las figuras más fascinantes de la Antigüedad y digna de nuestro estudio. Pero, como veremos a continuación, éste es sólo uno de los muchos aspectos de su vida que invitan a la reflexión.

Nació en el sur de España, la actual Córdoba más específicamente, hace más de dos mil años. Sin embargo, se crio y educó en Roma. Hijo de Séneca el Viejo, conocido escritor, se dedicó a la política y llegó a ser un alto funcionario financiero. Durante este periodo escribió profusamente, sobre todo tragedias.

En el año 41 d.C. Séneca es exiliado a la isla de Córcega por el nuevo emperador, Claudio. Acusado de adulterio con la sobrina del emperador, hermana de Calígula, Julia Livila. Ocho años más tarde, en otro giro de guion, se le concede el perdón para volver a Roma gracias a Agripina. La madre del futuro emperador Nerón, entonces esposa de Claudio, le quiere como mentor de su hijo. No vamos a entrar en la calidad del trabajo de Séneca, pero Nerón es conocido por convertirse en uno de los mayores tiranos de la historia. La riqueza de Séneca se generó en gran medida mientras estaba al servicio de Nerón. Para cerrar el círculo, la muerte de Séneca es ordenada por Nerón, quien pensaba que Séneca formaba parte de un complot para asesinarlo.

Pese a todas estas vicisitudes, el estoicismo es parte importante de su vida. Conoció esta filosofía gracias a Atalo, un filósofo estoico que fue su primer maestro. Fue Séneca admirador de Catón, como tantos en su momento, y éste aparece en su obra con notoriedad. Se inspiró también en otras escuelas, citando a Epicuro en varias ocasiones. La influencia de la obra de Séneca llega a figuras notables como Erasmo de Róterdam, Francis Bacon, Pascal o Montaigne, hasta llegar a los tiempos modernos, en los que se observa un renovado interés por él. Dos ejemplos notables entre muchos son el autor de bestsellers y antiguo comerciante

Nassim Taleb, que ha dedicado un capítulo entero a Séneca en uno de sus libros; y el escritor y empresario Tim Ferriss, que publicó un audiolibro de Séneca y se ha referido a menudo al cordobés en su popular blog.

El gran interés moderno por Séneca no debe sorprender. Séneca escribió sobre filosofía, pero sobre todo la utilizó de manera práctica para manejar y navegar a través de los aspectos positivos y negativos de la fortuna. Y los conoció muy bien, desde la riqueza masiva hasta el exilio, pasando por la recordada dignidad con que afrontó la indigna orden de suicidio del niño al que tutorizó, luego tirano emperador Nerón.

Séneca genera muchas dudas. Filósofo, fue más que rico, tutor de uno de los tiranos más terribles de la historia y creador de escritos morales que nos instan a ser mejores personas. En un artículo publicado en *The New Yorker*, Elizabeth Kolbert escribía sobre estos contrastes. Mientras algunos estudiosos, como el crítico Robert Hughes, calificaban a Séneca como «un hipócrita casi sin igual en el mundo antiguo», otros ofrecen una visión más matizada. «Es posible —escribe Kolbert— ver a Séneca como un hipócrita y como una fuerza de contención moral.» Es importante señalar aquí que Séneca era consciente de sí mismo y capaz de entender su situación. O eso queremos deducir de su famoso: «No soy un hombre sabio y nunca lo seré».

Era consciente de ser un humano imperfecto, zarandeado por el destino y obligado a recorrer caminos increíblemente difíciles. Por eso, probablemente, la fuerza de su obra estoica. Séneca vivió una vida llena de telenovela: riquezas, poder, ambición, política. Pero también otra, en la medida de sus posibilidades, de filosofía, introspección y autoconciencia. De hecho, muestra mucha más autoconciencia que otros legendarios filósofos que eran contradicciones andantes, como era el caso de Jefferson.

Obras importantes y lecturas sugeridas

Séneca es uno de los filósofos clásicos más amenos y legibles. En parte, esto se debe a que sus obras más notables llegaron en forma de cartas. Recomendaciones principales para leer cuanto antes:

Primero *Sobre la brevedad de la vida*. Es básicamente un conjunto de misivas breves, una manera fácil de comenzar con la obra del filósofo. «No se nos da una vida corta, sino que la hacemos corta, y no estamos mal abastecidos, sino que la malgastamos.» Séneca nos recuerda que nuestro principal recurso escaso es el tiempo. Cual economista, conoce el coste de oportunidad y que elegir es renunciar. Por más que tengamos la expresión «estoy haciendo tiempo», no es literal.

Por supuesto, *Cartas de un estoico* o *Cartas a Lucilio*. De ellas deducimos que Séneca era el típico de la cuadrilla al que acudían todos cuando necesitaban consejo. En formato de cartas nos llegan a nosotros con propuestas notablemente válidas para problemas del primer mundo moderno. Pena, finanzas, ira, éxito y fracaso, educación y mucho más. En formato audiolibro existe una interesante colección, *El Tao de Séneca*, producida por Tim Ferriss.

Además de revisar las obras de Séneca, hay una magnífica producción sobre él. *Morir cada día* es una excelente biografía, e incluso *Antifrágil* de Nassim Taleb, mencionado anteriormente, tiene un capítulo fascinante dedicado a él. Aquellos con inclinaciones académicas podrían examinar el trabajo *Séneca a Juicio*, si desean profundizar más.

Citas de Seneca el Joven

Una cosa que destaca de Séneca es que es uno de los filósofos antiguos más amenos y legibles.

«La vida es como una leyenda: no importa
que sea larga, sino que esté bien narrada.»

«Es rey quien nada teme, es rey quien nada
desea; y todos podemos darnos ese reino.»

«Si quieres que tu secreto sea guardado,
guárdalo tú mismo.»

«Es mucho más importante que te conozcas
a ti mismo que darte a conocer a los demás.»

«Sin razón se queja del mar el que otra vez navega.»

«Procuramos olvidar lo que,
traído a la memoria, nos entristece.»

«Peores son los odios ocultos
que los descubiertos.»

«La amistad siempre es provechosa;
el amor a veces hiere.»

«Grandes riquezas, gran esclavitud.»

«Hace falta toda una vida para aprender a vivir.»

«Igual virtud es moderarse en el gozo
que moderarse en el dolor.»

«Decir lo que sentimos. Sentir lo que decimos.
Concordar las palabras con la vida.»

«Prefiero molestar con la verdad
que complacer con adulaciones.»

«No es que tengamos poco tiempo,
es que perdemos mucho.»

«Las dificultades fortalecen la mente,
como el trabajo lo hace con el cuerpo.»

«Contra la ira, dilación.»

«La armonía total de este mundo está formada
por una natural aglomeración de discordancias.»

«A veces, incluso el vivir es un acto de valor.»

«No hay más calma que la engendrada por la razón.»

«La felicidad no mira de dónde nace,
sino a dónde puede llegar.»

«Dos veces vence el que en la victoria
se vence a sí (mismo).»

«La esclavitud más denigrante
es la de ser esclavo de uno mismo.»

«El valor es siempre ambicioso de peligros.»

«Los hombres aman sus vicios
y al mismo tiempo los odian.»

«Un solo bien puede haber en el mal:
la vergüenza de haberlo hecho.»

«Lo que de raíz se aprende, nunca del todo se olvida.»

Epicteto
(55 d.C. – 135 d.C.)

Séneca, Epicteto y Marco Aurelio son la Santísima Trinidad del estoicismo, a cual más diferente. Marco Aurelio, emperador del Imperio romano, uno de los puestos más poderosos del mundo. Séneca, tutor de un emperador, escritor, filósofo, y entre las mayores fortunas del imperio. Finalmente, Epicteto, nacido esclavo. El estoicismo proporciona principios, herramientas y técnicas para facilitar una buena vida, tomando decisiones tanto ante la buena como la mala fortuna, entre otros motivos porque sus creadores pasaron por vicisitudes muy dispares.

Epicteto era original de Hierápolis, la actual e impresionante Pamukkale, en Turquía. Nació como esclavo en una casa rica. Epafrodito, su dueño, le dio permiso para realizar estudios liberales. Descubrió la filosofía en éstos, básicamente gracias a Musonio Rufo, estoico que le adoptó como alumno y se convirtió en su mentor. Epicteto deja de ser esclavo gracias a la muerte de Nerón. Hombre libre, su vida como docente filósofo arranca con este punto de inflexión y durante un ciclo de casi veinticinco años desarrolla su trabajo en Roma. En un nuevo giro, el emperador Domiciano destierra a todos los filósofos de Roma, dejando claro la veleidad de los líderes de la época con estos temas. Epicteto simplemente cambió de ubicación, pero no de profesión. Se trasladó a Grecia, fundó una escuela de filosofía en Nicópolis y siguió enseñando hasta su muerte.

Después de su muerte, Luciano cuenta que alguien compró «la lámpara de barro de Epicteto». ¿Qué puede tener de especial esa lámpara? Epicteto lo explicaba, proporcionando una lección estoica en la línea del *storytelling* de las parábolas cristianas posteriores: «Guardo una lámpara de hierro junto a los dioses de mi casa y, al oír un ruido en la ventana, bajé corriendo. Encontré que la lámpara había sido robada. Reflexioné que el hombre que me la había robado no estaba movido por un motivo irracional. ¿Qué hacer entonces? Mañana compraré una de loza, ya que sólo se pierde lo que ya se tiene». El precio póstumo pagado por la lámpara de barro de la enseñanza fue de 3.000 dracmas. Autores como James Joyce, famoso por su remarcable e interminable *Ulises*, han mencionado la lámpara de Epicteto.

La fuerte y amplia influencia de Epicteto puede verse en múltiples casos. Marco Aurelio, en las *Meditaciones*, agradece a su maestro Junio Rústico el haberle presentado a Epicteto. Existe una ligera probabilidad de que Rústico asistiera realmente a las conferencias de Epicteto y le pasara sus propios apuntes a Marco. Sin embargo, lo más probable es que Marco leyera los apuntes del estudiante de Epicteto, Arria, que circularon ampliamente y que analizaremos más adelante.

James Stockdale, vicealmirante de la Armada y piloto, fue prisionero de guerra en Vietnam. Siempre atribuyó a Epicteto el haberle proporcionado un marco de referencia para poder soportar siete años de tortura física y mental. Confinado con grilletes, recordaba que Epicteto sufría de cojera por una discapacidad en una pierna. Sobre su situación física Epicteto era claro: «La enfermedad es un obstáculo para el cuerpo, pero no para tu capacidad de elegir, a menos que ésa sea tu elección. La cojera es un obstáculo para la pierna, pero no para tu capacidad de elección. Di esto a ti mismo con respecto a todo lo que sucede, entonces verás tales obstáculos como estorbos para otra cosa, pero no para ti mismo». Un paradójico *walk the talk* (predicar con el ejemplo) del estoicismo.

Epicteto aparece de forma destacada en la conocida novela del autor Tom Wolfe *Todo un hombre*. Ya hemos comentado que Albert Ellis, fundador del TCC, se vio influenciado también por Epicteto.

Aunque todas estas influencias podemos decir que fueron pura suerte. Epicteto no dejó obra escrita. Fue Arriano, uno de sus alumnos, quien se preocupó de tomar apuntes para la posteridad. Viendo cómo emperadores antiguos y héroes de guerra modernos se han mostrado agradecidos y han encontrado guía, fuerza, ejemplo y referencias en Epicteto, seguro que nosotros también podemos. Eso sí, siguiendo su enseñanza de que debe ser por propia elección.

Epicteto acuñó algunas de las citas estoicas más memorables: «Hacer lo mejor de lo que está en nuestro poder, y tomar el resto como ocurre». «Que la muerte y el destierro, y todas las demás cosas que parecen terribles, estén cada día ante tus ojos, pero la muerte principalmente; y nunca albergarás ningún pensamiento abyecto, ni codiciarás nada con demasiado afán.»

Obras importantes y lecturas sugeridas

Un buen punto de partida para Epicteto sería «pequeño manual o guía», el *Enquiridión*. Y es exactamente eso, un *Manual de vida*. Leído por Diderot, Voltaire y Montesquieu en su juventud, fue importante también para los ilustrados, igual que Cicerón. Está repleto de breves máximas y de principios estoicos. Mientras que la obra de Séneca y Marco Aurelio es más accesible, ya que fueron educados y el estilo epistolar o de diario es más sencillo y coloquial, Epicteto puede resultar un tanto más difícil. Por ello recomendamos empezar primero por los otros dos grandes estoicos antes de aventurarse en las lecciones del esclavo, y empezar por la obra perfecta de Epicteto que es el *Enquiridión*. El siguiente paso serían los *Discursos*, mucho más largos y que merecen todavía un mayor compromiso. Cuatro libros compilados por su pupilo Arriano.

Para conocer mejor su vida, recomendamos la lectura de la breve autobiografía *Courage Under Fire*, de James Stockdale, así como el ya citado *Todo un hombre*, de Tom Wolfe.

La base de la obra de Epicteto es el autoconocimiento, que considera pilar de la filosofía. Conócete a ti mismo, sé consciente de tu ignorancia. Quizá nos suene a la frase de Donald Rumsfeld que introdujo la Matriz de Aprendizaje Consciente de Competencias: «Hay cosas que sabemos que las sabemos. Hay incógnitas conocidas. Es decir, hay cosas que sabemos que no sabemos. Pero también hay incógnitas desconocidas. Hay cosas que no sabemos que no sabemos». Este proceso se puede encontrar muy bien explicado en *El pequeño libro de las grandes decisiones* de Mikael Krogerus, para comprobar cómo Epicteto ya tenía clara su importancia.

Con respecto a la lógica, Epicteto la subordinaba a su aplicación práctica. Para nada encontramos en su obra un desarrollo como el que realizaron sus predecesores, por ejemplo. Buscaba doctrinas sencillas y prácticas. No mentir. Buscar la verdad. Usar la razón. Y en este proceso ser conscientes de lo que podemos controlar y lo que no podemos controlar:

> Sólo eso está en nuestro poder, que es nuestro propio trabajo; y en esta clase están nuestras opiniones, impulsos, deseos y aversiones. Por el contrario, lo que no está en nuestro poder, son nuestros cuerpos, posesiones, gloria y poder. Cualquier engaño en este punto conduce a los mayores errores, desgracias y problemas, y a la esclavitud del alma.

Para saber diferenciar el bien del mal la clave estaba en la libertad y la capacidad de elegir. Esta especie de libre albedrío era algo que sólo el ser humano tenía de entre los animales. Eso sí, siguiendo la idea de Platón y su mito de la caverna, adaptada al modelo estoico de las impresiones, Epicteto tenía claro que había que cuestionarse la percepción que teníamos de la realidad, con diversas herramientas. La razón lleva a la virtud, las emociones irracionales son malvadas. Entre ellas hay que tener cuidado con el placer, que no está prohibido pero que puede engatusarnos y llevarnos al lado oscuro, al menos tal y como lo veían los estoicos.

El autocontrol y la disciplina también eran importantes, para no sucumbir a los deseos. La clave en la filosofía es purificar la mente. La filosofía, consideraba, debe proporcionar estándares, referencias, sobre cómo vivir bien, ser una buena persona. Así evitará contradicciones y reducirá el problema de alejarse de la felicidad. El estoico no se queja ni de dioses ni de humanos, trata con compasión a los demás, ya que se equivocan por ignorancia, y es consciente de que las opiniones y el deseo son los que nos pueden hacer infelices:

> No he perdido nada que me pertenezca; no fue algo mío lo que me fue arrebatado, sino algo que no estaba en mi poder me ha dejado.

También aceptaba que existía una divinidad, que concentraba la bondad absoluta. Los dioses nos daban alma, pero ésta, para Epicteto, sobre todo estaba enfocada a razón y sentimientos. Un ser humano podría alcanzar una grandeza tal como para unirse a los dioses. Cultivar la mente era el camino para ser libre y alcanzar este estado. Eso sí, existía un destino que se desvelaba al usar nuestro mayor superpoder, la inteligencia y la razón. En el *Enquiridión* podemos encontrar:

> Condúceme, Zeus, y tú, Destino,
> dondequiera que tu decreto haya fijado mi suerte.
> Sigo de buena gana; y, ¿no es así?
> Malvado y miserable seguiría todavía.

Citas de Epicteto

La cantidad de citas de Epicteto es ingente. Aquí podemos comprobar cómo se repiten los temas universales del estoicismo, que ya veíamos con Seneca. La felicidad, los deseos, el conocimiento de uno mismo, la amistad y el amor.

«El hombre no está preocupado
tanto por problemas reales como por sus ansiedades
imaginadas sobre los problemas reales.»

«Anytus y Meletus ciertamente pueden matarme, pero no pueden dañarme.»

«Sólo hay una manera de alcanzar la felicidad y es dejar de preocuparse por cosas que están más allá del poder o de nuestra voluntad.»

«Es más necesario que el alma se cure que el cuerpo; porque es mejor morir que vivir mal.»

«No vivas según tus propias reglas, sino en armonía con la naturaleza.»

«La libertad es la única meta digna en la vida. Se gana ignorando cosas que están más allá de nuestro control.»

«Ninguna persona es libre si no es dueña de sí misma.»

«Puedes ser invencible si nunca emprendes un combate de cuyo regreso no estés seguro y sólo cuando sepas que está en tu mano la victoria.»

«La riqueza no consiste en tener grandes posesiones, sino en tener pocos deseos.»

«Cualquier persona capaz de molestarte se convierte en tu maestro; alguien puede molestarte sólo cuando te permites ser molestado por él.»

«El que se ríe de sí mismo nunca se queda sin cosas de las que reírse.»

«Te conviertes en lo que le das a tu atención.»

«A las personas no les molestan las cosas,
sino las opiniones que les dan a esas cosas.»

«No hay más que una forma de tranquilidad
mental y felicidad, y eso es no tomar
las cosas externas como propias.»

«Las circunstancias no hacen al hombre,
sólo lo revelan.»

«O Dios quiere abolir el mal y no puede;
o puede, pero no quiere.»

«Es mejor morir de hambre habiendo vivido
sin dolor y miedo, que vivir con un espíritu atribulado,
en medio de la abundancia.»

«En la prosperidad es muy fácil encontrar
amigos, en la adversidad no hay nada más difícil.»

«El deseo y la felicidad no pueden vivir juntos.»

«Primero dite a ti mismo lo que serías; y luego
haz lo que tienes que hacer.»

«Me río de los que piensan que pueden
dañarme. No saben quién soy, no saben lo que pienso,
ni siquiera pueden tocar las cosas que son realmente
mías y con las que vivo.»

A quien también influyó notablemente Epicteto fue a Marco Aurelio, sobre todo con su *Manual de vida (Enquiridión)*. El emperador lo deja muy claro en su obra de referencia, *Meditaciones*.

Marco Aurelio (121 d.C. – 180 d.C.)

Marco Aurelio Antonino nació en el seno de una familia prominente y consolidada, pero nadie en aquella época habría predicho que algún día sería emperador de Roma. Su tierna infancia es un tanto oscura. Dicen los estudiosos del tema que era un joven serio con aficiones combativas como la caza, la lucha libre o el boxeo. El padre de Marco Aurelio, Marco Annio Vero, había fallecido cuando apenas tenía tres años, y él fue educado por su madre y su abuelo. Alrededor de su adolescencia se produjo un punto de inflexión. El emperador Adriano estaba a punto de fallecer sin descendencia y tenía que elegir sucesor. Adriano conocía a Marco Aurelio, al que llamaban «el honesto», por su padre, que había sido pretor y miembro del Senado romano. La primera opción de Adriano, su hijo adoptivo Lucio Ceyonio Cómodo (renombrado a Lucio Elio César tras ser adoptado) murió inesperadamente. Sabiendo cada vez más cercana la muerte, Adriano eligió a Antonino Pío, tío de Marco Aurelio, como heredero. Éste era un senador que tampoco tenía hijos, así que Adriano puso como condición que adoptara a Marco Aurelio y al hijo de Lucio. El joven Marco se convirtió en Marco Aurelio Antonino.

Una vez muerto Adriano, Marco Aurelio era el siguiente en la línea de sucesión para el cargo más importante. Su educación se convertiría en una seria preocupación y tendría el privilegio de estudiar con grandes referentes. Primero, Herodes Ático, un filósofo de la escuela retórica de Atenas. Marco Aurelio escribiría más tarde sus *Meditaciones* en griego, tal era su influencia. También con Marco Cornelio Frontón, su instructor en latín, cuya correspondencia con Marco Aurelio sobrevive hasta hoy. Marco Aurelio sería cónsul en dos ocasiones, recibiendo así una valiosa y práctica educación en su camino a la inmortalidad.

En el año 161, al morir Antonino y poner fin a uno de los reinados más largos, Marco Aurelio se convirtió en emperador del Imperio romano, cogobernando con Lucio Vero, su hermano adoptivo. Lució falleció ocho años después y Marco Aurelio siguió en el poder hasta su muerte en el año 180. Su reinado no fue fácil, pues tuvo que afrontar guerras con las tribus germanas en la frontera norte y con el Imperio parto en el este, así como el impacto del auge del cristianismo, o la peste, que dejó numerosos muertos.

La muerte de Marco Aurelio se produjo en su cuartel de la actual Viena. El historiador Dion Casio describe la actitud de Marco Aurelio hacia su hijo, Cómodo, al que había nombrado coemperador unos años antes y que iba a sucederle:

> [Marco Aurelio] no era fuerte de cuerpo y se vio envuelto en una multitud de problemas durante prácticamen-

> te todo su reinado. Pero, por mi parte, lo admiro aún más por esta misma razón, porque en medio de inusuales y extraordinarias dificultades se sobrevivió a sí mismo y preservó el imperio. Sólo una cosa le impidió ser completamente feliz, a saber, que después de criar y educar a su hijo de la mejor manera posible, se sintió enormemente decepcionado con él.

Sí, son el Marco Aurelio y Cómodo de la película *Gladiator*, obra que no debemos tomar como referencia histórica, ya que se toma notables licencias artísticas. Volviendo a la vida de Marco Aurelio, es importante darse cuenta de la gravedad de su posición y de la magnitud del poder que llegó a poseer. Si lo decidía, nada estaría fuera de los límites. Podía abandonarse a la autoindulgencia y sucumbir a las tentaciones, no había nadie que pudiera frenar sus deseos. «El poder absoluto corrompe absolutamente» es la cita más conocida del político británico del siglo XIX Lord Acton. Hay una razón por la que este adagio se ha repetido a lo largo de la historia: desgraciadamente, tiende a ser cierto. Acton tomó prestada la idea de otros escritores que habían expresado previamente el mismo pensamiento con palabras diferentes. Sin embargo, este adagio es lo más alejado que podemos encontrar en la vida de Marco Aurelio, quien demostró ser digno de la posición en la que se encontraba, siendo inmortalizado en la historia por ello como un ejemplo de líder honesto, resolutivo y preparado.

El historiador Edward Gibbon explicaba que, bajo Marco Aurelio, «el Imperio romano fue gobernado por el poder absoluto, bajo la guía de la sabiduría y la virtud». Marco Aurelio era reconocido como el último de los «cinco buenos emperadores». La guía de la sabiduría y la virtud es lo que separa a Marco Aurelio de la mayoría de los líderes mundiales del pasado y del presente. Basta con pensar en el diario que dejó, la obra que ahora se conoce como sus *Meditaciones*. Es como tener delante de nosotros los pensamientos privados de la persona más poderosa del mundo. Parémonos a pensarlo. ¿Quién considera que es la persona más poderosa? ¿Cómo se sentiría si pudiera saber cada día qué piensa dicha persona? Pero pensamientos sinceros, no lo que se pone en medios sociales asesorado por equipos de relaciones públicas. Es más, Marco Aurelio se planteaba a sí mismo alternativas para ser más virtuoso, se proponía situaciones para trabajar el ser más justo, técnicas para conseguir ser más inmune a la tentación, lecturas o personas para ser más sabio. El Rafael Nadal de los emperadores clásicos. ¿Qué motiva a una persona tan poderosa a ser así? Al llegar al poder, Marco Aurelio se refería siempre a su madre como la referencia para una vida libre de ostentación, igual que Nadal lo hace con su familia en general y su tío Toni en particular.

A Marco Aurelio el estoicismo le proporcionó una poderosa herramienta para afrontar las tensiones de la vida diaria. No olvidemos que más allá de su personalidad, hablamos del líder de uno de los imperios más poderosos de la historia de la humanidad, imperio que durante su reinado se enfrentaba a importantes retos. No es de extrañar que escribiera sus *Meditaciones* hacia el final de su vida, en medio de una campaña militar defensiva contra invasores extranjeros. Marco Aurelio abrazó los estudios del estoicismo gracias a tutores y maestros. En sus *Meditaciones* queda claro que está agradecido a su maestro Rústico por haberle introducido en el estoicismo y en los *Discursos* de Epicteto. Otra influencia en Marco vino de Heráclito, a lo largo de las *Meditaciones* se nota una marcada preeminencia de sus conceptos básicos. De hecho, Heráclito tuvo un notable peso en el pensamiento estoico en general. Es muy poco probable que Marco Aurelio estuviera expuesto a la obra de Séneca y su influencia, dadas las circunstancias del momento.

Lo trágico de Marco, como escribió un estudioso, es cómo su «filosofía —que trata de la autocontención, el deber y el respeto a los demás— fue tan abyectamente abandonada por la línea imperial que ungió a su muerte».

Obras importantes y lecturas sugeridas

Las *Meditaciones* son quizá el único documento de este tipo y de aquella época que nos ha llegado. Los pensamientos privados de la persona más poderosa del momento, hablando en primera persona con consejos sobre cómo ser mejor a la par que cumple con las obligaciones de su puesto. Tituladas originalmente *A sí mismo*, las *Meditaciones* son el texto definitivo sobre autodisciplina, ética personal, humildad, autorrealización y fortaleza.

Obra inspiradora para escritores como Ambrose Bierce y Robert Louis Stevenson, también para estadistas como Theodore Roosevelt, Wen Jiabao (quien decía haberlas leído más de cien veces) o Bill Clinton. Si lees las *Meditaciones*, te cambiará profundamente. Si no es así, probablemente sea porque como dice Marco Aurelio «lo que no transmite luz crea su propia oscuridad». John Stuart Mill loaba en su obra *Sobre la libertad* la obra de Marco Aurelio, considerándola «el más alto producto ético de la mente antigua». Es importante recordar que somos afortunados de tener acceso a ellas. Como tantas obras estoicas, durante siglos se perdió su rastro. No fue hasta principios del siglo x que, como explica Gregory Hays, «reaparece en una carta del erudito y eclesiástico Arethas».

La obra se compone de doce libros escritos en griego. O para ser más exactos, en griego helenístico o koiné. Marco Aurelio escribe durante sus campañas, y en un estilo que no parece pensado para ser publicado, sino más bien para sí mismo. No sigue ningún orden cronológico y, en general, son citas o ideas, algunas de una frase corta, otras de párrafos o varias páginas. Con esta obra Marco Aurelio intentaba entender el mundo, desarrollando su propia cosmogonía de éste, a la par que analizaba cómo vivir. Así como en otros estoicos hemos visto que su obra ampliaba fronteras de esta filosofía, o desarrollaba elementos fundamentales de ésta, tales como la lógica o la gramática, Marco Aurelio no proporciona un valor diferencial en este sentido. El gran valor de su obra es la propia aplicación práctica de los preceptos del estoicismo en el día a día de uno de los referentes, contado por él mismo en primera persona.

Probablemente lo que mejor define la obra es la cita del propio emperador: «pon fin de una vez por todas a esta discusión de lo que debe ser un buen hombre, y sé uno». La aplicación práctica de los preceptos filosóficos generaba dudas, que él resolvía contándose a sí mismo cómo obraba o cómo debería haber obrado en determinadas situaciones. De este modo podía tener siempre a mano los principios de su filosofía, pero también recordar cómo hacer uso de estos. Sencillo, didáctico, conciso, con un lenguaje claro, transmite la misma tranquilidad y paz interior que el estoicismo dice buscar.

Para saber más sobre Marco Aurelio, *La ciudadela interior* y *La filosofía como forma de vida*, de Pierre Hadot, estudian al hombre y todo lo que hay detrás de la obra. Marco Aurelio también inspiró *El obstáculo es el camino*, de Ryan Holiday.

Citas de Marco Aurelio

Marco Aurelio es una fuente inagotable de referencias. Curiosamente sus *Meditaciones* fueron más una obra para él mismo, un pensar en voz alta, que un manual del estilo de los de otros estoicos. La mayoría de sus citas vienen de esta obra maestra. En ella encontraremos los temas fundamentales de los estoicos: qué es la filosofía, cómo alcanzar la felicidad, renunciar a las emociones por la razón, ser bueno y virtuoso, controlar lo que se puede controlar aceptando la adversidad, hacer el bien a los demás para que la comunidad crezca virtuosa, y aceptar que toda vida tiene un propósito y un final ineludible.

«El tiempo es como un río formado por los hechos, que adquiere violenta corriente. Apenas se advierte uno, cuando otro ocupa su lugar, para dejar enseguida paso al que le sigue.»

«Es ridículo no intentar evitar tu propia maldad, lo cual es posible, y en cambio intentar evitar la de los demás, lo cual es imposible.»

«El mundo no es más que transformación, y la vida, opinión solamente.»

«El mejor modo de vengar la injuria es no parecerse al que la infirió.»

«Abstenerse de la imitación es la mejor venganza.»

«No lo hagas, si no conviene; no lo digas, si no es verdad.»

«El dolor no puede ser nunca ni insoportable ni de larga duración, a menos que tú lo agrandes a fuerza de imaginación; debes verlo dentro de sus límites naturales.»

«El corto espacio de tiempo que te queda por vivir no lo malgastes en pensar en los asuntos de otro, a menos que éstos sean un bien para la sociedad. No podrás ocuparte de lo que otro hace, y de por qué lo hace, de lo que dice o piensa, de las intrigas que trama o de otra cosa cualquiera por el estilo, so pena de faltar también a otro cualquiera de tus deberes.»

«El arte de vivir se asemeja más a la lucha que a la danza en lo que se refiere a estar firmemente dispuesto a hacer frente a los accidentes incluso imprevistos.»

«Del mismo modo que los médicos siempre tienen a mano los instrumentos de hierro para las curas de urgencia, así también conserva tú a punto los principios fundamentales para conocer las cosas divinas y las humanas y así llevarlo a cabo todo, incluso lo más insignificante, recordando la trabazón íntima y mutua de unas cosas con otras. Pues no llevarás a feliz término ninguna cosa humana sin relacionarla al mismo tiempo con las divinas, ni tampoco al revés.»

«Aunque debieras vivir tres mil años y aun diez veces otros tantos, acuérdate siempre de que no se pierde otra vida que la que se vive y que sólo se vive la que se pierde. Así, la más larga vida y la más corta vienen a reducirse a lo mismo.»

«Acuérdate también de esto siempre: para vivir felizmente basta con muy poco.»

«No actúes en la idea de que vas a vivir diez mil años. La necesidad ineludible pende sobre ti. Mientras vives, mientras es posible, sé virtuoso.»

«Sufrir percances no es sufrir una desgracia; pero soportarlos con abnegación es una virtud meritoria.»

«Te queda muy poco tiempo de vida. Vive, pues, como en una montaña, ya que importa poco vivir aquí o allá si se vive en el mundo como en una ciudad.»

«Que los hombres vean y reconozcan en tu persona a un hombre como es debido, que vive conforme a la naturaleza. Si no te consienten que obres así, que te maten. Más vale morir que vivir como ellos.»

«Pues hemos nacido para colaborar, al igual que los pies, las manos, los párpados, las hileras de dientes, superiores e inferiores. Obrar, pues, como adversarios los unos de los otros es contrario a la naturaleza. Y es actuar como adversario el hecho de manifestar indignación y repulsa.»

«Todo lo que escuchamos es una opinión, no un hecho. Todo lo que vemos es una perspectiva, no es la verdad.»

«No malgastes lo que te queda de vida conjeturando sobre los demás, a no ser que busques un bien común. Pues imaginar qué pueden estar haciendo y por qué, qué están pensando y qué planean, te aturde y te aparta de tu guía interior.»

«Si te afliges por alguna causa externa, no es ella lo que te importuna, sino el juicio que tú haces de ella. Y borrar ese juicio, de ti depende. Pero si te aflige algo que radica en tu disposición, ¿quién te impide rectificar tu criterio?»

«La vida de un hombre es lo que sus pensamientos hacen de ella.»

«Cuando te levantes por la mañana, piensa en qué privilegio es el estar vivo, el pensar, el disfrutar, el amar...»

Gayo Musonio Rufo (20 a 30 d.C. – 101 d.C.)

Para terminar con los estoicos antiguos, vamos a saltarnos la línea temporal y comentar brevemente el enlace entre los tres grandes estoicos clásicos: Musonio.

Hemos mencionado cómo Marco Aurelio encontró en Epicteto una fuente de influencia muy importante, pero ¿quién fue el mentor de Epicteto? ¿De dónde bebe su filosofía? De Gayo Musonio Rufo. Nació en Etruria alrededor del año 30 d.C. Llegó a ser un destacado profesor de estoicismo en Roma hasta que el emperador Nerón descubrió una conspiración contra él en la que creía que participaba y le desterró. Musonio regresó a la ciudad en el año 68, para ser exiliado de nuevo, cuando Vespasiano desterró a todos los filósofos de Roma. Gracias a su notable reputación, Musonio pudo retrasar la inevitable partida cuatro años. Volvería a Roma tras la muerte de Vespasiano y viviría allí hasta su propio final, antes del año 101, cuando Plinio el Joven habla de él en pasado en su obra.

Para Musonio, la filosofía debía ocuparse de cuestiones prácticas sobre cómo vivir la vida. Estudiar la virtud y el bien; nada más importaba, para así poder elevarnos por encima del dolor y del placer, de la muerte y del mal. Musonio fue uno de los filósofos más prácticos. El profesor William O. Stephens describía así la filosofía de Musonio: «[...] el filósofo no estudia la virtud sólo como conocimiento teórico. Más bien, Musonio insiste en que la práctica es más importante que la teoría, ya que la práctica nos lleva más eficazmente a la acción que la teoría. Sostuvo que, aunque todos están naturalmente dispuestos a vivir sin errores y tienen la capacidad de ser virtuosos, no se puede esperar que alguien que no ha aprendido realmente la habilidad de la vida virtuosa viva sin errores, como tampoco se puede esperar que alguien que no es un médico, músico, erudito, timonel o atleta entrenado, practique esas habilidades sin errores».

El erudito griego Orígenes señalaría a Sócrates y Musonio como «ejemplo de la mejor vida». Por eso a Musonio se le suele llamar «el Sócrates romano». Al igual que con Sócrates, el carácter de Musonio es referencia como modelo de vida. Un ejemplo: exiliado de su querida Roma varias veces, aun así, exclamaba:

> ¿Cómo podría el exilio ser un obstáculo para el propio cultivo de una persona, o para alcanzar la virtud, cuando a nadie se le ha impedido aprender o practicar lo necesario por el exilio?

Mujeres estoicas de la historia

El escrito francés Gilles Ménage fue un apasionado de la filosofía. Entre sus obras hay una muy particular, ya que decidió investigar la aportación de las mujeres a la filosofía. Así, en *Historia mulierum philosopharum* (1690) o *Historia de las mujeres filósofas*, recopilaba un listado con diversas mujeres referentes en campos diferentes. En algunos casos no tanto por haber aportado obra o base teórica a la filosofía, pero sí por ser seguidoras, estudiosas, difusoras y/o referentes con su forma de vida. Entre las estoicas encontramos unas cuantas.

Porcia Cantonis
(73 a 64 a.C. – 42 a.C.)

Familia directa de Catón el Joven, de quien ya hemos hablado y que no se llevaba nada bien con Julio César, conocemos su historia por Plutarco. Famosa en la vida real y en la ficción (Shakespeare mediante) por su matrimonio con Marco Junio Bruto, conocido cómplice del asesinato de Julio César.

Plutarco la define como estudiosa de la filosofía estoica con su padre, que la practicaba en su vida diaria, que «antes de juzgar, se juzga a sí misma». Esta capacidad de aplicar las enseñanzas estoicas quedó plasmada en la leyenda, y en el cuadro de Elisabetta Sirani *Porcia hiriéndose en el muslo*. Para demostrarse a sí misma y a su marido que podría aguantar el dolor si era torturada para obtener confesión o información sobre los secretos de Bruto, se hirió en el muslo con un pequeño cuchillo.

Además de este gesto, Plutarco nos cuenta que era una mujer admirable, adicta a la filosofía, hermosa, joven y llena de coraje. Reconocida como estoica por cómo vivió su vida y por abrazar sus enseñanzas.

Fannia (siglo I a.C. – circa 103 d.C.)

Hija del senador romano Publio Clodio Trásea Peto. Su madre era una de las dos estoicas Arria, la Joven más específicamente. Su padre y Arria la Mayor, su abuela, eran seguidores de las enseñanzas estoicas. Gracias a la obra de Plinio el Joven tenemos referencias de ella. Fue parte de la oposición estoica a Nerón, el emperador romano. Fue exiliada, llevada a juicio y puesta a prueba. Se mantuvo fiel a sus principios estoicos.

Annia Cornificia Faustina La Menor (160 d.C. – 212 d.C.)

Más conocida como Cornificia, era hija del emperador Marco Aurelio y hermana, por tanto, de su sucesor, Cómodo. Éste ordenó ejecutar por conspiración a su primer marido, a su hijo y a toda su familia política. Después, siendo ya emperador Caracalla, se le ordenó suicidarse. Según Plinio el Joven, lo hizo estoicamente, con total dignidad, diciendo «Demuéstrales que eres la hija de Marco Aurelio».

Arria la Mayor
(? – 42 d.C.)

De ella sabemos por Plinio el Joven, quien de nuevo nos retrata a una mujer que controla sus emociones, valerosa y fuerte, que, encarcelado su marido por conspirar contra el Emperador, le siguió en su infortunio, y cuando fue condenado a muerte, le animó a suicidarse y luego le imitó. Se convirtió en referente para autores y artistas de diversas épocas como ejemplo de mujer de fuertes convicciones. Plinio conoce su historia por su nieta, Fannia, de la que hemos hablado anteriormente.

Algunos estoicos modernos reseñables

Al igual que el estoicismo fue una disciplina abrazada por emperadores como Marco Aurelio y esclavos como Epicteto, multitud de personas de todos los ámbitos de la vida han contribuido al reciente resurgir de la disciplina.

Esta recopilación de alguno de ellos no pretende ser exhaustiva, pero sí trazar algunos esbozos de algunas de las personas que más han contribuido al actual auge del estoicismo como doctrina filosófica.

Ryan Holiday (1987)

Holiday es autor de varios libros y ha escrito para medios como *Forbes*, *Fast Company*, *The Huffington Post*, *The*

Columbia Journalism Review, The Guardian, The New York Observer, The New York Times y *Texas Monthly*. Ha vendido millones de ejemplares de sus libros en todo el mundo.

Holiday publicó su primer libro a medio camino entre la denuncia sobre el preocupante estado del periodismo online y la demostración de su capacidad para hackearlos. Se llamó *Confía en mí, te estoy mintiendo: memorias de un manipulador de los medios*. Publicado en julio de 2012, debutó en la lista de bestsellers de *The Wall Street Journal*. Holiday hacía gala de todo su conocimiento del marketing digital moderno, adquirido en parte gracias a su trabajo como director de marketing de American Apparel, una empresa multinacional del mundo de la ropa y los complementos. Su segundo libro siguió en la línea del marketing digital, pero menos narrativo que el primero y más técnico. *Growth hacker marketing: el futuro del social media y la publicidad* fue publicado originalmente en septiembre de 2013. El libro muestra cómo los esfuerzos de marketing tradicionales ya no son los más eficaces, y por qué el *growth hacking*, el conjunto de estrategias centradas exclusivamente en el crecimiento de un negocio, es más barato y eficaz en el mercado actual. El libro fue nombrado en 2014 uno de los diez mejores libros de marketing de *Inc. Magazine*.

En febrero de 2014, Holiday fue nombrado editor general de la sección de Negocios y Tecnología de *The New York Observer*. Pero no está en nuestra lista por su conocimiento del marketing digital, o su trabajo como director de marketing. Ryan se ha convertido en un divulgador, difusor y fanático absoluto del estoicismo.

Su trabajo sobre estoicismo

Cuando Holiday estudiaba en la universidad, el doctor Drew le recomendó leer a Epicteto, lo que encendió la chispa del interés de Holiday por esta filosofía. Su éxito con los libros de marketing digital le animó a escribir sobre este tema. Si combinamos su éxito creciente, su experiencia en promoción y comunicación, y su narrativa práctica, tenemos los ingredientes perfectos para lo que vino después. *The New York Times* atribuyó a Holiday, a través de sus libros, artículos y conferencias, gran parte de la creciente popularidad moderna del estoicismo. Se le ha descrito como «líder del estoicismo», capaz de impulsar el interés por esta filosofía entre los exigentes empresarios de Silicon Valley. El clasicista Gregory Hays, cuya traducción de las *Meditaciones* de Marco Aurelio en 2002 se convirtió también en un bestseller, comentó la obra estoica de Holiday diciendo que está «muy en el espíritu de sus antiguos modelos», y añadió: «Holiday es también un gran contador de historias». Pero, sobre todo, es un experto en marketing y comunicación, que sabe cómo hacer llegar los mensajes a las nuevas generaciones por los canales en que éstos los encuentran.

El tercer libro de Holiday, *The Obstacle Is The Way (El obstáculo es el camino)*, fue publicado el 1 de mayo de 2014. Se basa en el ejercicio estoico de enmarcar los obstáculos como oportunidades. No sólo ha vendido cifras millonarias, sino que es libro de cabecera de empresarios y deportistas del más alto nivel. Fue libro de referencia para el equipo de la NFL de los New England Patriots durante su temporada ganadora de la Super Bowl de 2014. *El obstáculo es el camino* alcanzó el número uno en la lista de libros más vendidos de *The Wall Street Journal* en 2019, cinco años después de su lanzamiento inicial. El dos veces campeón de la NBA Chris Bosh lo consideró su libro favorito y añadió que, cuando su entrenador jefe, Erik Spoelstra, regaló a los jugadores de los Miami Heat ejemplares del libro, él ya lo había leído dos veces. Durante una conferencia de prensa en el Masters de 2019, el golfista Rory McIlroy, campeón de varios de los principales torneos de golf del mundo, alardeaba de haber leído *El obstáculo es el camino,* así como el siguiente libro de Holiday, *El ego es el enemigo*, antes del torneo. En los meses posteriores a la lesión medular que sufrió el exdefensor de los Pittsburgh Steelers, Ryan Shazier, lesión que supuso el fin de su carrera deportiva ya que quedó incapacitado para caminar, atribuyó a *El obstáculo es el camino* el mérito de haberle ayudado a mejorar su mentalidad y a poder centrarse en la recuperación.

En 2016 publicó dos libros más. El primero y ya mencionado *El ego es el enemigo* utiliza diversos personajes históricos como fuentes de ejemplos para demostrar los peligros del ego y del egoísmo. Ego que, como reza el famoso chiste, es ese pequeño argentino que todos llevamos dentro. El segundo, *Diario para estoicos*, es un devocional diario de meditaciones estoicas. Ambos libros se convirtieron en bestsellers, y *Diario para estoicos* alcanzó el número uno en la lista de *The Wall Street Journal.*

La quietud es la clave se enfoca en ayudar al lector a desarrollar una vida más equilibrada. Para ello es vital ser conscientes de la cantidad de «ruido» y limitarlo. Aunque en el proceso se propone como herramienta principal el estoicismo, también hace referencias al budismo, al confucianismo, al taoísmo, así como a las religiones abrahámicas. Su publicación más reciente es *Vidas de los estoicos*, que escribió con el autor Stephen Hanselman. El libro es una colección de biografías de más de dos docenas de filósofos que vivieron según las virtudes estoicas del valor, la templanza y la sabiduría.

También tiene un capítulo en el que da consejos en el libro de Tim Ferriss *Armas de Titanes: los secretos, trucos y costumbres de aquellos que han alcanzado el éxito.*

Massimo Pigliucci (1964)

Massimo Pigliucci es profesor de Filosofía en el City College de Nueva York, antiguo copresentador del podcast *Stoic Meditations*, y antiguo editor jefe de la revista online *Scientia Salon*. Es un crítico de la pseudociencia y el creacionismo, y un defensor del laicismo y la educación científica.

Pigliucci nació en Monrovia (Liberia), pero se crio en Roma, donde estudió grado y máster en Ciencias Biológicas en la Universidad La Sapienza. Posteriormente se doctora en Genética por la Universidad de Ferrara (Italia) y obtiene un segundo doctorado en Biología por la Universidad de Connecticut. Profesor de ecología y evolución en la Universidad de Stony Brook. En 1997 gana el Premio Theodosius Dobzhansky, concedido anualmente por la Sociedad para el Estudio de la Evolución para reconocer los logros y la promesa futura de un joven biólogo evolutivo destacado. Entonces trabajaba en la Universidad de Tennessee y nada parecía indicar que su vida terminara encaminada a la filosofía.

Escéptico y ateo, su pasión por la disciplina filosófica se ha convertido en una de sus principales actividades. Se doctora en Filosofía de la ciencia por la Universidad de Tennessee, donde trabajaba como profesor. En 2003 publica *Phenotypic Integration: Studying the Ecology and Evolution of Complex Phenotypes*, el mismo año en que defiende su tesis doctoral. Llega a ser jefe del Departamento de Filosofía en el Lehman College de la Universidad de la Ciudad de Nueva York (CUNY).

Como filósofo, Pigliucci se interesa por la estructura y los fundamentos de la teoría evolutiva, la relación entre la ciencia y la filosofía, y la relación entre la ciencia y la religión. Su blog *Footnotes to Plato* (Notas al pie sobre Platón), comienza considerando que toda la filosofía occidental consiste básicamente en un conjunto de notas al pie de Platón. Apoyado en su conocimiento de la filosofía de la ciencia, comienza en 2015 de manera masiva su labor de divulgación.

Pigliucci ha escrito regularmente para *Skeptical Inquirer* sobre temas como el cambio climático, la teoría del diseño inteligente, las pseudociencias y, en especial, sobre filosofía. Mantiene un blog llamado *Rationally Speaking*. Ha debatido con los «negadores de la evolución» (creacionistas defensores del diseño inteligente) en múltiples ocasiones. Es un pensador comprometido y sin miedo al debate.

Su podcast *Stoic Meditations* (Meditaciones estoicas) consiste en lecturas de los antiguos estoicos, seguidas de su comentario para interpretar la lectura y ponerla en contexto.

Su obra sobre el estoicismo

Pigliucci se convirtió en un divulgador del estoicismo y en uno de los impulsores del resurgimiento del estoicismo en Estados Unidos a principios del siglo XXI. Su ensayo sobre estoicismo, publicado en 2015 en *The New York Times*, fue uno de los artículos más compartidos del medio. Pigliucci atribuye su interés por el estoicismo a su herencia italiana. Sin embargo, sabemos que primero probó con el budismo y, desencantado, adoptó el estoicismo.

En sus propias palabras:

> Intenté estudiar el budismo durante un tiempo, pero las partes a las que llegué me parecieron demasiado extrañas, redactadas en términos culturales, lingüísticos y conceptuales que no me resultaban familiares. En cambio, cuando leí a Epicteto, a Marco o a Séneca, me sentí inmediatamente como en casa.

Tiene dieciséis libros publicados en inglés, varios de ellos traducidos al español. Los primeros más enfocados en evolución y ciencia, pero desde *Answers for Aristotle:*

How Science and Philosophy Can Lead Us to a More Meaningful Life (Respuestas para Aristóteles: cómo la ciencia y la filosofía pueden llevarnos a una vida más significativa), su obra se centra en estudiar la filosofía primero y los estoicos después. *Cómo ser un estoico: utilizar la filosofía antigua para vivir una vida moderna* es una muy recomendable referencia, ampliada por el práctico *A Handbook for New Stoics: How to Thrive in a World Out of Your Control* (*Mi cuaderno estoico: cómo prosperar en un mundo fuera de tu control*), coescrito con Gregory Lopez. Más recientemente publica como editor *Cómo vivir una buena vida: una guía para elegir su filosofía de vida personal* (Vintage, 2020), seguido de *Una guía para una vida feliz: 53 lecciones breves para vivir* (BasicBooks, 2020), con tareas semanales para poder transformar nuestra vida. En *Piense como un estoico: Sabiduría antigua para el mundo de hoy* (The Teaching Company, 2021), el profesor crea una obra diseñada más bien como un curso, esta vez con 25 lecciones. Otras obras sobre filosofía o filósofos no están tan enfocadas en el estoicismo.

Impulsor de lo que denomina la «Stoa Nova», un ejemplo de ella es su canal en YouTube, con entrevistas a otros estoicos como William B. Irvine.

Pierre Hadot (1922 – 2010)

Filósofo francés, país donde los filósofos están en tan gran consideración que son habituales en los medios de masas para analizar temas de muy diversa índole. Historiador de la filosofía, especializado en la Grecia antigua. Fue director de estudios en la principal institución educativa e investigadora de Francia en el ámbito de las ciencias sociales, la historia y la economía: la EHESS, la «alta escuela» que ha formado durante décadas a presidentes y referentes. Obtuvo la cátedra de Historia del Pensamiento Heleno y Romano. Famoso por sus traducciones de Marco Aurelio, su trabajo buscaba demostrar que la filosofía antigua era más práctica que teórica. Consideraba a Sócrates una referencia para entender las bases de la filosofía.

Hadot no tiene una obra extensa sobre estoicismo que podamos referir, pero en la mayoría de los estudios y libros sobre estoicos su nombre aparece tarde o temprano. Por ejemplo, la obra *Filosofía para la felicidad* (2013), centrada en Epicuro, cuenta con ensayos de Carlos García Gual, Emilio Lledó y el propio Pierre Hadot.

William B. Irvine (1952)

Profesor de Filosofía en la Universidad Estatal de Wright en Dayton, Ohio. Irvine escribe libros sobre filosofía con un enfoque más divulgativo que académico, a pesar de su marcado perfil. Licenciado en Matemáticas y Filosofía por la Universidad de Michigan, máster y doctorado en Filosofía por UCLA. Tras impartir docencia en diversas universidades se establece en 1983 en la Universidad Estatal de Wright.

> No estoy interesado, como la mayoría de mis colegas filósofos, en escribir para otros filósofos. Más bien, mi público objetivo se puede describir mejor como lectores generalistas, intelectualmente de alto nivel, que tienen una for-

mación mínima en filosofía pero que están interesados en repensar cuidadosamente los supuestos de la vida cotidiana.

Inicialmente interesado en la «filosofía pura», desde poco después de su primera publicación sobre Russell perdió el interés por ella. «Miro, de manera filosófica, cosas que los filósofos normalmente no miran.» Ha escrito sobre cuestiones éticas relacionadas con las finanzas, aspectos éticos y políticos de la crianza, e incluso sobre los insultos. Se define como un profesor de filosofía que «no sólo enseña, piensa y escribe sobre filosofía, sino que ha adoptado una filosofía para vivir, la filosofía antigua conocida como estoicismo».

Irvine llegó al estoicismo trabajando en un libro sobre el deseo, que usaba como excusa para estudiar el budismo. El motivo era que se estaba planteando abrazar dicha religión. En el proceso descubrió dos cosas: que practicar el zen suponía renunciar a su capacidad crítica y analítica, algo que se negaba a hacer, y que el budismo tenía mucho en común con la filosofía estoica. Quedó prendado sobre todo de los tres referentes que ya hemos comentado: Marco Aurelio, Séneca y Epicteto.

Entre sus obras dedicadas al tema cabe resaltar *A Guide to the Good Life* (2008), que es una referencia notable en el tema. En 2019 ve la luz la secuela de su libro *The Stoic Challenge: A Philosopher's Guide to Becoming Tougher, Calmer, and More Resilient*. En sus libros y ensayos, Irvine explica a partir de sus propias experiencias la aplicación práctica en la vida cotidiana de principios como la visualización negativa. Tan cotidiana como los insultos, hablando en sus ensayos del «insulto pacifista», del motivo social tras los insultos, o de su insulto preferido. Es más, dedica al tema todo un libro: *A slap in the face: why insults hurt —and why they shouldn't* (Un tortazo en plena cara: por qué duelen los insultos y por qué no deberían hacerlo) (2013). El resto de su obra está también influenciada por el estoicismo. Así, *Sobre el deseo: por qué queremos lo que queremos* es una magnífica obra para cualquier estoico que quiera entender cómo controlar sus deseos, conociendo mejor sus mecanismos.

Irvine es un estoico moderno, orgulloso de practicar a diario, y de participar y difundir esta filosofía.

John Sellars (1971)

Profesor de Filosofía en la Universidad de Oxford, Visiting Research Fellow en el King's College y joven promesa del estoicismo. Fundador del London Center for Ancient Philosophy, en el año 2021 publicaba en español *Lecciones de estoicismo. Filosofía antigua para la vida moderna*, y su contrapunto, *Lecciones de epicureísmo. El arte de la felicidad.*

Interesado de siempre en la filosofía, se ha especializado en la obra de Aristóteles, la filosofía romana y helenística, así como en el Renacimiento. Y, por supuesto, el impacto del estoicismo en la historia de la filosofía. Aunque muy académico, también es capaz de arremangarse y discutir sobre estoicismo y psicoterapia.

Su extensa obra está principalmente en inglés. Encontramos *Marcus Aurelius (Philosophy in the Roman World)* (2020), que analiza las meditaciones del emperador; *Filosofía helenística* (2018), que ofrece un repaso de las escuelas de la época; *The Routledge Handbook of the Stoic Tradition* (2016), que revisa el impacto del estoicismo en la historia occidental, su pensamiento o la religión; *Stoicism (Ancient Philosophies)*(2014), que introduce el tema para legos en la materia; o *The Art of Living: The Stoics on the Nature and Function of Philosophy* (2013), que revisa los orígenes y fundamentos de esta escuela. También se atrevió con una traducción de la obra de referencia del neoestoicismo del siglo XVI, escrita por Justo Lipsio: *De la constancia*.

Sellars es un referente más académico, con un conocimiento enciclopédico y apasionado del tema.

Nancy Sherman (1951)

Catedrática de Filosofía en Georgetown, es una especialista en ética, centrada en la antigua filosofía griega y romana. En los últimos años, se ha dedicado a la ética estoica. *Stoic Wisdom: Ancient Lessons for Modern Resilience* (Sabiduría estoica: lecciones antiguas para la resiliencia moderna), es una nueva mirada a los estoicos y a sus estrategias para encontrar la calma.

Ha trabajado con los militares durante varias décadas en relación con la ética estoica, el estrés postraumático y el daño moral. Pero su interés por los militares se remonta a su infancia. Su padre era un veterano de la Segunda

Guerra Mundial que nunca hablaba de «su» guerra, aunque llevó sus placas de identificación en el llavero durante sesenta y cinco años. Su guerra no era algo que pudiera compartir. Era una carga privada. Llegó a pensar que necesitaba compartir esa carga o, al menos, entender mejor su servicio militar.

La oportunidad llegó cuando fue nombrada la primera Cátedra de Ética de la Academia Naval de Estados Unidos a mediados de los noventa. Escribió lo que llegó a ser una trilogía sobre los retos morales de ir a la guerra y volver a casa: *Stoic Warriors* (Guerreros estoicos), *The Untold War* (La guerra no contada) —un libro notable según *The New York Times*—, y *Afterwar* (Después de la guerra).

Tiene formación investigadora en psicoanálisis y un largo interés por las emociones, un tema destacado en sus primeros trabajos sobre Aristóteles y Kant. En trabajos más recientes, se ha centrado en cómo nos expresamos a través de las emociones, incluso en la danza y la marcha cadenciosa. *Dancers and Soldiers Sharing the Dancefloor* (Bailarines y soldados compartiendo pista de baile) es una pieza que desarrolló como becaria en el Centro de Ballet y Artes de la NYU en 2017. Una pieza complementaria, *Trenes, cadencias y rostros*, se centra en la conexión social y la cohesión construida a través de las cadencias de la marcha, especialmente en la Gran Guerra.

Ha sido honrada con galardones diversos por su trabajo, incluyendo una beca Guggenheim, becas NEH y ACLS, becas Mellon y becas en el Wilson Center en D. C.

Lawrence C. Becker (1939 – 2018)

Prolífico autor de libros y artículos sobre justicia, estoicismo, derechos de propiedad y metaética. Fue editor asociado de la revista *Ethics* entre 1985 y 2000, y coeditor de dos ediciones de la *Enciclopedia de ética*. Miembro de la Universidad Hollins, enseñó filosofía de 1965 a 1989, y fue profesor emérito de Filosofía del College of William & Mary.

Libros significativos relacionados con el estoicismo que merece la pena revisar de entre su extensa obra son *Un nuevo estoicismo* (Princeton University Press, 1998), *Reciprocidad* (Routledge, 1986) y *Sobre la justificación de los juicios morales* (Routledge & Kegan Paul, 1973).

Alasdair MacIntyre (1929)

Alasdair Chalmers MacIntyre es un filósofo escocés-estadounidense que ha contribuido a la filosofía moral y política, así como a la historia de la filosofía y la teología. La obra de MacIntyre *After Virtue* (*Tras la virtud*) (1981) es una de las más importantes de la filosofía moral y política anglófona del siglo xx. Es investigador principal del Centro de Estudios Aristotélicos Contemporáneos sobre Ética y Política (CASEP) de la Universidad Metropolitana de Londres, profesor emérito de Filosofía de la Universidad de Notre Dame, e investigador distinguido permanente del Centro de Ética y Cultura de Notre Dame. Durante su dilatada carrera académica, también enseñó en las universidades de Brandeis, Duke, Vanderbilt y Boston.

MacIntyre ha sido una especie de nómada intelectual, ya que ha enseñado en muchas universidades de Estados Unidos. Fue Profesor de Historia de las Ideas en la Universidad de Brandeis; decano de la Facultad de Letras y profesor de Filosofía en la Universidad de Boston, y profesor de Filosofía en Notre Dame, Vanderbilt, Yale o Duke. También ha sido profesor visitante en la Universidad de Princeton, y expresidente de la Asociación Filosófica Americana. En 2010 recibió la Medalla de Aquino de la Asociación Filosófica Católica Americana. Es miembro de la Academia Americana de las Artes y las Ciencias (elegido en 1985), de la Academia Británica (1994), de la Real Academia Irlandesa (1999) y de la Sociedad Filosófica Americana (2005).

Desde el año 2000 ha sido profesor de investigación del Departamento de Filosofía John A. O'Brien (emérito desde 2010) en la Universidad de Notre Dame, Indiana, Estados Unidos. También es profesor emérito de la Universidad de Duke. En julio de 2010 se convirtió en investigador principal del Centro de Estudios Aristotélicos Contemporáneos de Ética y Política de la Universidad Metropolitana de Londres. Aunque se retiró de la docencia activa en 2010, continúa haciendo presentaciones públicas, incluyendo un discurso anual como parte del Centro de Ética y Cultura de otoño.

Ética de la virtud

MacIntyre es una figura clave en el reciente auge del interés por la ética de la virtud, que identifica la cuestión central de la moralidad como algo que tiene que ver con los hábitos y conocimientos relativos a cómo vivir una buena vida. Su enfoque trata de demostrar que el buen juicio emana del buen carácter. Ser una buena persona no consiste en buscar el cumplimiento de reglas formales. Al elaborar este enfoque, MacIntyre entiende que está reelaborando la idea aristotélica de una teleología ética.

MacIntyre subraya la importancia de los bienes morales definidos con respecto a una comunidad comprometida con una «práctica» —que él llama «bienes internos» o «bienes de excelencia»— en lugar de centrarse en la obligación independiente de la práctica de un agente moral (ética deontológica) o en las consecuencias de un acto concreto (utilitarismo). Antes de su reciente resurgimiento, la ética de la virtud en el mundo académico europeo/americano se asociaba principalmente con los filósofos premodernos (por ejemplo, Platón, Aristóteles, Tomás de Aquino). MacIntyre ha argumentado que la síntesis del agustinianismo con el aristotelismo de Tomás de Aquino es más perspicaz que las teorías morales modernas, ya que se centra en el *telos* («fin» o «terminación») de una práctica social y de una vida humana, en cuyo contexto se puede evaluar la moralidad de los actos. Su obra fundamental en el ámbito de la ética de la virtud se encuentra en su libro de 1981, *After Virtue*.

MacIntyre pretende que la idea de la virtud complemente, y no sustituya, las normas morales. De hecho, describe ciertas reglas morales como «sin excepción» o incondicionales. MacIntyre considera que su obra está fuera de la «ética de la virtud» debido a su afirmación de que las virtudes están arraigadas en prácticas sociales específicas, históricamente fundamentadas.

Martha Nussbaum (1947)

Martha Craven Nussbaum es una filósofa estadounidense, profesora distinguida Ernst Freund de Derecho y Ética en la Universidad de Chicago, donde está adscrita a la Facultad de Derecho y al Departamento de Filosofía. Está especialmente interesada en la filosofía antigua griega y romana, la filosofía política, el existencialismo, el feminismo y la ética. Miembro del Comité de Estudios del Sur de Asia y miembro de la junta del Programa de Derechos Humanos. Anteriormente fue profesora en Harvard y Brown.

Nussbaum es autora de varios libros, entre ellos *La fragilidad del bien* (1986), *Cultivando la humanidad: una defensa clásica de la reforma en la educación liberal* (1997), *Sexo y justicia social* (1998), *El ocultamiento de lo humano: repugnancia, vergüenza y ley* (2004), *Fronteras de la justicia: Discapacidad, nacionalidad, pertenencia a una especie* (2006), y *Del asco a la humanidad: orientación sexual y derecho constitucional* (2010). Ha recibido el Premio Kyoto 2016 en Artes y Filosofía, el Premio Berggruen 2018 y el Premio Holberg 2021.

Como anécdota, cuando se convirtió en la primera mujer en ocupar la beca júnior en Harvard, recibió una nota de felicitación de un «prestigioso clasicista» sugiriendo que debería denominarse como «hetaira», ya que en

Grecia estas cortesanas educadas eran las únicas mujeres que participaban en simposios filosóficos.

En la década de 1970 y principios de 1980 enseñó filosofía y clásicos en Harvard, hasta que la universidad le impidió obtener la plaza de titular en 1982. Nussbaum se trasladó entonces a la Universidad de Brown. En 1994 cambió de nuevo, esta vez a la Facultad de Derecho de la Universidad de Chicago. Su libro de 1986 *La fragilidad de la bondad*, sobre la ética griega antigua y la tragedia griega, la convirtió en una figura muy conocida en el ámbito de las humanidades.

El trabajo de Nussbaum sobre las capacidades se ha centrado a menudo en la desigualdad de libertades y oportunidades de las mujeres, y ha desarrollado un tipo distintivo de feminismo. Se inspiraba en la tradición liberal, pero haciendo hincapié en que el liberalismo, en su mejor momento, implica un replanteamiento radical de las relaciones de género y de las relaciones dentro de la familia.

La otra gran área de trabajo filosófico de Nussbaum son las emociones. Sostiene que son valoraciones que atribuyen a las cosas y a las personas un gran significado para el propio florecimiento de la persona, aun reconociendo que están fuera del control del propio agente. Ha trabajado a partir del análisis del dolor, la compasión y el amor, así como del asco y la vergüenza.

Donald J. Robertson (1967)

Nacido en Escocia y criado en el Reino Unido, desde donde se mudó a Canadá. Viaja regularmente a Grecia por su pasión por el estoicismo. Donald es psicoterapeuta cognitivo-conductual. Ha sido miembro del Consejo de Psicoterapia del Reino Unido (UKCP), de la Asociación Europea de Psicoterapia (EAP) y de la Royal Society for Public Health (RSPH). Al inicio de su carrera profesional tenía consulta propia como terapeuta en Londres.

Máster en Filosofía Mental por la Universidad de Aberdeen y en Estudios Psicoanalíticos por la Universidad de Sheffield, también atesora un posgrado en terapia cognitivo-conductual (TCC) por la Universidad de Londres. Su canal recopila entrevistas, charlas y reseñas de libros.

Es uno de los miembros fundadores de Modern Stoicism, conformado por un grupo diverso que incluye psicólogos y terapeutas como él, a la par que filósofos y académicos. Conocidos sobre todo por organizar anualmente la Semana Estoica, evento que nació en la Universidad de Exeter y se ha convertido en poco tiempo en referente internacional anual. Cada año miles de personas participan online en charlas, talleres y cursos sobre cómo aplicar las ideas del estoicismo, combinadas con técnicas de la psicología moderna.

Autor de varios libros y publicaciones académicas, sus primeros trabajos estaban vinculados a su labor como terapeuta. Relacionados con el estoicismo son importantes sus obras más recientes, donde combina su pasión por el estoicismo con su conocimiento de la psicología. *Piensa como un emperador romano: gobierna tus emociones y encuentra la tranquilidad en el caos* (2020) es un claro reflejo de esto, analizando las *Meditaciones* de Marco Aurelio en clave psicológica. Resultante de su interés por el gran público y la divulgación, nace la novela gráfica *Verissimus* y, también sobre la vida y la filosofía del emperador estoico, *Marcus Aurelius* (2022). El resto de su trabajo reciente sobre estoicismo incluye también contenidos con un enfoque práctico, en *Stoicism and the Art of Happiness: Practical wisdom for everyday life: embrace perseverance, strength and happiness with stoic philosophy (Teach Yourself)* (2018). Y, por supuesto, la aplicación práctica de su trabajo como terapeuta en relación con el estoicismo, en *The Philosophy of Cognitive-Behavioural Therapy (CBT): Stoic Philosophy as Rational and Cognitive Psychotherapy* (2019).

Otra obra relacionada sería *Build Your Resilience: CBT, mindfulness and stress management to survive and thrive in any situation (Teach Yourself)* (2012), donde no habla explícitamente del estoicismo, pero ya se vislumbra que toca cuestiones que apuntan al mismo. Así, temas como la resiliencia, la gestión del estrés, cómo aprender a salir adelante en cualquier situación y la aplicación del TCC (CBT en inglés), entrelazan con el control de las emociones y el enfoque práctico del estoicismo, entendido a la particular manera de Donald.

Esta lista de autores y referentes no pretende ser exhaustiva. Hemos dejado algunos de los muchos clásicos que hicieron aportaciones en su momento, en mayor o menor medida. También hay más académicos y sobre todo divulgadores modernos. Y el creciente interés hará que aparezcan muchos más. Pero al menos consideramos que es un buen punto de partida para conocer tanto obras como autores que han dejado su impronta en la historia de la filosofía estoica.

¿Y ahora qué?

El avezado lector que haya llegado a estas alturas del libro habrá hecho ya un análisis mental básico de la ingente cantidad de libros, artículos y *papers* recomendados sobre un tema que tiene más dos mil años de Antigüedad. Fácilmente podríamos llegar a la conclusión de que todo está dicho, la temática ha sido ya analizada de manera minuciosa, y volver a dar una vuelta sobre el mismo tema no llevaría más allá que a un ejercicio estéril, farragoso y en cierta manera inútil.

Sin embargo, no podemos dejar de plantearnos la creciente importancia del estoicismo, de nuevo, en nuestra generación. Vivimos tiempos difíciles. Nuestra concepción de la política se ha trastornado. Nuestra democracia está amenazada. Nuestro control de la enfermedad ha sido puesto a prueba. Las desigualdades económicas, sociales y sanitarias continúan haciéndonos dudar de la adecuación de nuestros dirigentes y de nosotros mismos a los nuevos tiempos. Hay indignación moral en las calles. El desempleo y la inflación han abandonado la estabilidad de épocas recientes y vuelven a la volatilidad de siglos anteriores. Todo esto hace que sea difícil saber cómo avanzar hacia un futuro incierto.

Los estoicos pueden ayudarnos en muchos apartados, pero no pueden ayudarnos con absolutamente todo. Pueden darnos consuelo en algunos rincones. Por supuesto que nos van a proporcionar lecciones para aceptar y sobrellevar nuestra mortalidad, trucos de vida para enfrentarnos a los miedos, formas de gestionar las emociones incapacitantes, mejores formas de estar preparados para los cambios repentinos de la fortuna, un sentido de conexión que apoye la resiliencia, el lugar de la benevolencia y la gratitud en nuestras vidas. Pueden ser una muleta, una herramienta, una ayuda. Pero no son ni serán una solución *per se*.

Así que no olvidemos sus enseñanzas y asumamos nuestra responsabilidad. Necesitamos líderes, necesitamos educación práctica y contexto abstracto, necesitamos ciencia con pensamiento crítico, necesitamos debate y necesitamos mayor equidad.

Cultivar la humanidad, el llamamiento de Séneca, es una tarea inacabada. Lo que tenemos que hacer no es sólo reparar el alma, sino plantear cómo llevar a cabo una imprescindible reparación social. «Algunas cosas dependen de nosotros y otras no.» «Lo importante no es lo que te ocurre, sino cómo reaccionas ante ello.» Éstas son las conocidas enseñanzas de Epicteto. Pero no podemos aceptar el hecho histórico de la esclavitud de Epicteto para justificar nuestra propia retirada. Eso es cobardía, teniendo en cuenta quiénes somos, nuestra época y los profundos desafíos morales y políticos a los que nos enfrentamos. Lo que no podemos aceptar, tenemos que cambiarlo. Y tenemos que cambiarlo no sólo cambiándonos nosotros, sino también las instituciones y estructuras sociales que enmarcan lo que somos colectivamente. Se trata de un proyecto social, que requiere agallas sociales y la creencia en la unidad de la humanidad. Eso es lo que Marco Aurelio imaginó en el campo de batalla al contemplar su opuesto: seres humanos despedazados, convertidos en partes del cuerpo esparcidas sin sentido. Eso es lo que ocurre, se escribió a sí mismo, cuando te separas de la comunidad y del bienestar de ese conjunto. Te conviertes en un «paria» de la humanidad.

Los estoicos advierten sobre la corrupción de los valores: la falsa gloria, la codicia, el materialismo excesivo. Séneca advierte sobre los tiranos que exigen lealtad. Sabe de los escritores de discursos que disimulan los asesinatos en palacio, que escriben sobre la misericordia para calmar a un público preocupado, al que dicen que el asesinato de un rival sería el final, no el principio de más derramamiento de sangre. Séneca es ese escritor de discursos y sus manos están sucias. Sus escritos filosóficos se tensan con las tensiones del poder y el miedo a perderlo, la lealtad y sus costes, la opulencia y la abstinencia. Escribe, en parte, como oraciones de redención. Escribe por la libertad.

El estoicismo es una forma de aguantar las vicisitudes de la vida a la par que cultivar la virtud interior cuando el férreo control exterior amenaza tu propio ser. Era una filosofía adecuada para la época en que se creó. Y aunque de nuevo se siente como una filosofía para los tiempos que corren, y aunque tenemos mucho que aprender de los antiguos, no debemos olvidar que también somos hijos y esclavos de nuestro tiempo. Tenemos errores nuevos que evitar. La disciplina estoica y la resistencia, la virtud y los lazos de la razón y la racionalidad pueden ayudar a unirnos para afrontar nuestros retos individuales y compartidos. Pero sólo cuando la empatía y la misericordia corren por las venas de la razón. Éste es el camino. Ésa es la forma de avanzar en la vida, de comportarse como un estoico moderno en busca de un ideal, una felicidad saludable.

Al mismo tiempo, debemos ser conscientes de que la propuesta estoica de control de las emociones no deja de ser peligrosamente utópica. Al final del día, somos seres emocionales y pretender trascender eso es convertirnos en un personaje de ficción, como el Doctor Manhattan en *Watchmen*. Es más, si logramos alcanzar ese teóricamente deseable estado en el que trascendemos las miserias humanas, nuestro sitio sería las estrellas, como de hecho le ocurre al propio personaje, y nos deberíamos ir dejando nuestra perdida humanidad detrás.

Mark Manson, el autor de bestsellers como *The Subtle Art of Not Giving a F*ck* (El sutil arte de que nada te importe una ******), decía que no se consideraba un estoico por varios motivos importantes. El primero, que el conocimiento de los antiguos griegos de la psicología básica humana era más bien ramplón. El segundo, que aquello a lo que aspiraban era básicamente inalcanzable.

Para Aristóteles existían dos clases de virtudes. Primero las virtudes éticas, que se adquirían mediante las costumbres y los hábitos, y cuyo objetivo era controlar la parte sensitiva del alma. Entre ellas, las más importantes eran la fortaleza, la templanza, la justicia… Después encontrábamos las virtudes dianéticas, que son propias del intelecto y las cuales se lograban a través de la educación. Entre ellas, la sabiduría y la prudencia. Para Aristóteles, la virtud estaba en el punto medio entre los dos extremos. Planteaba que la templanza sería el punto medio entre el libertinaje y la insensibilidad como resultado del establecimiento de la moderación entre los placeres y las penalidades.

Bien, pues un planteamiento como éste sería seguramente atacado como tibio y equidistante en estos tiempos de polarización. La realidad está dibujada con una nutrida paleta de grises y matices que hacen inefectivo un análisis tan liviano y superficial. Pero el planteamiento inicial de Aristóteles, al igual que la mayoría de las raíces de las grandes ideas de la humanidad, ya estaba trazado en el mundo griego.

Así que recuerda, es muy posible que encuentres ayuda y reflexión en algunas de las píldoras de sabiduría del comportamiento estoico, bien sea de boca de sus apóstoles del pasado o por medio de los abanderados del estoicismo moderno. Huelga decir que nosotros mantenemos nuestra tesis de que reflexiones por ti mismo y no le compres todo el pescado a nadie. Como los estoicos de los que hemos hablado, crea tu propia cosmogonía tras aprender de todos ellos. Busca tu camino a la felicidad. Define tus virtudes. Conócete a ti mismo. Supérate. Y crea tu propio gran libro del estoicismo y de tu filosofía para la vida. Esto ha sido sólo el comienzo. Bienvenido.

Bibliografía

Becker, L. C., *A new stoicism*, Princeton University Press, Princeton (NJ), 1998.

—, «The moral basis of property rights», *NOMOS XXII: Property*, (1980): 187, The American Society for Political and Legal Philosophy.

—, *Reciprocity*, Routledge, Londres, 2014.

—, *On justifying moral judgments*, Routledge, Londres, 2021.

Brenk, F. E., «The Religious Spirit of Plutarch of Chaironeia», Roig Lanzillotta, Lautaro (ed.), *Frederick E. Brenk on Plutarch, Religious Thinker and Biographer*, Brill, Leiden, 2017.

Birley, A., *Marco Aurelio: el retrato de un emperador humano y justo*, traducción de José Luis Gil, Gredos, Barcelona, 2009.

Cabrera, E., *Sobre la vida buena*, Plataforma, Barcelona, 2021.

Cicerón, M. T., *El arte de envejecer: Un manual de sabiduría clásica para la segunda mitad de la vida*, traducción de Jacinto Pariente, Ediciones Koan, Badalona, 2020.

Crisipo, *Testimonios y fragmentos*, traducción de Francisco Javier Campos y Mariano José Nava, Gredos, Barcelona, 2006.

Conant, J. M., *The Younger Cato: A Critical Life with Special Reference to Plutarch's Biography*, disertación filosófica defendida en la Universidad de Columbia, Nueva York (NY), 1953.

Conte, G. B., *Latin literature: a history*, Johns Hopkins University Press, Baltimore (MD), 1994.

Coyle, D., *The culture code: The secrets of highly successful groups*, Bantam, Nueva York (NY), 2018.

De Haro, G., *Corleone Business School*, Jot Down Books, Sevilla, 2013.

—, *Ligonomics: cerveza, macarrones y otros secretos económicos del amor*, Jot Down Books, Sevilla, 2016.

—, *El espectador económico*, Libros.com, Madrid, 2017.

—, y Gómez, L., *El poder de las redes sociales para pymes y startups*, Libros.com, Madrid, 2021.

Epicteto, *El arte de ser libre. Un manual de sabiduría clásica para una vida estoica y feliz*, traducción de Óscar Martínez, Ediciones Koan, Badalona, 2020.

—, *Enchiridion*, traducción al inglés de George Long, Dover Publications, Nueva York (NY), 2004.

Ettinghausen, H., *Francisco de Quevedo and the Neostoic movement*, Oxford University Press, Oxford, 1972.

Evans, J., *Filosofía para la vida: y otras situaciones peligrosas*, traducción de Jofre Homedes, Grijalbo, Barcelona, 2013.

Ferriss, T., *Armas de titanes: los secretos, trucos y costumbres de aquellos que han alcanzado el éxito*, traducción de Dulcinea Otero-Piñeiro, Deusto, Barcelona, 2017.

Frankl, V., *El hombre en busca de sentido*, traducción de Christine Kopplhuber y Gabriel Insausti, Herder Editorial, Barcelona, 2015.

García Gual, C., Hadot, P., Lledó, E. Epicuro, *Filosofía para la felicidad*, traducción de Carlos García Gual, Errata Naturae, Madrid, 2013.

Hadot, P., *La ciudadela interior*, traducción de María Cucurella, Alpha Decay, Barcelona, 2013.

—, *La filosofía como forma de vida, conversaciones con Jeannie Carlier y Arnold I. Davidson*, traducción de María Cucurella, Alpha Decay, Barcelona, 2009.

—Epicteto, *Manual para la vida feliz*, traducción de Claudio Arroyo, Errata Naturae, Madrid, 2015.

Harrison, S. (ed.), *A companion to Latin Literature*, John Wiley & Sons, Hoboken (NJ), 2008.

Hernández, A., *El pequeño libro de la negociación*, Alienta Editorial, Barcelona, 2017.

Holiday, R., *El ego es el enemigo*, traducción de Patricia Torres, Paidós Empresa, Barcelona, 2017.

—, *Confía en mí, estoy mintiendo*, traducción de María Isabel Merino, Empresa Activa, Barcelona, 2013.

—, *La quietud es la clave*, Océano, Tlalnepantla (estado de México), 2020.

Holiday, R., y Hanselman, S., *Diario para estoicos: 366 reflexiones sobre la sabiduría, la perseverancia y el arte de vivir*, Reverté Management, Barcelona, 2020.

Holland, T., *Rubicón*, traducción de Claudia Casanova, Planeta, Barcelona, 2005.

Irvine, W. B., *El arte de la buena vida: un camino hacia la alegría estoica*, traducción de Antonio Francisco Rodríguez Esteban, Paidós, Barcelona, 2019.

Kant, I., *Fundamentación de la metafísica de las costumbres*, traducción de M. García Morente, col. Austral 648, 4.° ed., Espasa-Calpe, Madrid, 1973.

Krogerus, M. y Tschäppeler, R., *El pequeño libro de las grandes decisiones*, traducción de Sigrid Guitart, Alienta Editorial, Barcelona, 2011.

—, *El pequeño libro de la comunicación eficaz*, traducción de Isabel Murillo, Alienta Editorial, Barcelona, 2019.

Levi, A., *French Moralists. The Theory of the passions 1585-1649*, Clarendon Press, Oxford, 1964.

Long, A. A. (ed.), *Problems in stoicism*, Athlone Press (University of London), Londres, 1971.

Luxor, J., *El pequeño libro de la influencia y la persuasión*, Alienta Editorial, Barcelona, 2017.

MacIntyre, A., *Tras la virtud*, traducción de Amelia Valcárcel, Planeta, Barcelona, 2013.

Manson, M., *The Subtle Art of Not Giving a F*ck: A Counterintuitive Approach to Living a Good Life*, Pan Macmillan Australia, Sydney (NSW), 2016.

Marco Aurelio, *Meditaciones*, traducción de Miquel Dolç, Taurus, Barcelona, 2012.

Ménage, G., *Historia de las mujeres filósofas*, traducción de Mercè Otero, Herder Ediciones, Barcelona, 2019.

Motto, A. L.: «Seneca on Trial: The case of opulent stoic», *The Classical Journal* (61) 6 (marzo de 1966), pp. 254-258.

Nardone, G., *Problem Solving Estratégico: El arte de encontrar soluciones a problemas irresolubles*, traducción de María Pons, Herder Editorial, Barcelona, 2010.

Nussbaum, M. C., *El ocultamiento de lo humano: repugnancia, vergüenza y ley*, traducción de Gabriel Zadunaisky, Katz Editores, Madrid, 2012.

Nussbaum, M. C., *La fragilidad del bien: fortuna y ética en la tragedia y la filosofía griega*, traducción de Antonio Ballesteros, Editorial Antonio Machado, Madrid, 2015.

—, *La terapia del deseo: teoría y práctica en la ética helenística*, traducción de Miguel Candel y Santos Mos, Paidós, Barcelona, 2021.

Pigliucci, M., *Answers for Aristotle: How Science and Philosophy Can Lead Us to a More Meaningful Life*, BasicBooks, Nueva York (NY), 2012.

—, *Cómo ser un estoico: utilizar la filosofía antigua para vivir una vida moderna*, traducción de Francisco García Lorenzana, Ariel, Barcelona, 2018.

—, *Mi cuaderno estoico: Cómo prosperar en un mundo fuera de tu control*, traducción de Jorge Paredes, Ariel, Barcelona, 2019.

Plutarco, «Catón el Joven», *Vidas paralelas de griegos y romanos eminentes*, traducción de Carlos Alcalde, vol. VIII, Gredos, Barcelona, 2010.

Price, R. M., «Review of Francisco de Quevedo and the Neostoic Movement, by H. Ettinghausen», *The Modern Language Review* 69 (1), 1974, pp. 204-205.

Robertson, D. J., *Stoicism and the Art of Happiness: Ancient Tips for Modern Challenges*, Hodder & Stoughton, Londres, 2013.

—, *The philosophy of cognitive—behavioural therapy (CBT): Stoic philosophy as rational and cognitive psychotherapy*, Routledge, Londres, 2018.

—, «The Stoic influence on modern psychotherapy», *The Routledge handbook of the stoic tradition*, Routledge, Londres, 2017, pp. 394-408.

—, *Piensa como un emperador romano*, traducción de Carlos Jair Díaz, Planeta, Barcelona, 2020.

Rojas, E., *El hombre light: la importancia de una vida con valores*, Temas de Hoy, Madrid, 2012.

Rosling, H., *Factfulness: diez razones por las que estamos equivocados sobre el mundo, y por qué las cosas están mejor de lo que piensas*, traducción de Jorge Paredes, Deusto, Barcelona, 2018.

Rumelt, R. P., *Good strategy/bad strategy: The Difference and Why It Matters*, Profile Books, Londres, 2011.

Salzgeber, J., *El pequeño libro del estoicismo: Sabiduría, resiliencia, confianza y calma de la mano de los filósofos clásicos*, Ediciones Urano, Madrid, 2021.

Saunders, J. L., *Justus Lipsius: The Philosophy of Renaissance Stoicism*, Liberal Arts Press, Stockbridge (MA), 1955.

Scheffer, M. *et al*, «The rise and fall of rationality in language», *Proceedings of the National Academy of Sciences* 118 (51), diciembre de 2021.

Schopenhauer, A., *El arte de envejecer*, traducción de Maritza Izquierdo, Editorial Verbum, Arganda del Rey, 2022.

Sellars, J., *The art of living: The Stoics on the nature and function of philosophy*, Routledge, Londres, 2018.

—, *The Routledge handbook of the Stoic tradition*, Routledge, Londres, 2016.

Sellars, J., *Lecciones de estoicismo: Filosofía antigua para la vida moderna*, traducción de Abraham Gragera, Taurus, Barcelona, 2021.

—, *Stoicism*, Routledge, Londres, 2014.

—, *Lecciones de epicureísmo: el arte de la felicidad*, traducción de Jordi Ainaud, Taurus, Barcelona, 2021.

—, *The art of living: The Stoics on the nature and function of philosophy*, Routledge, Londres, 2018.

—, *Marcus Aurelius*, Routledge, Londres, 2020.

Séneca, L. A., *El arte de mantener la calma: un manual de sabiduría clásica sobre la gestión de la ira*, traducción de Jacinto Pariente, Ediciones Koan, Badalona, 2020.

—, *Sobre la brevedad de la vida, el ocio y la felicidad*, traducción de Eduardo Gil, Acantilado, Barcelona, 2013.

—, *Cartas a Lucilio*, traducción de Francisco Socas, Cátedra, Madrid, 2018.

—, *Cartas de un estoico*, traducción de José L. Moralejo e Ismael Roca, Círculo de Lectores, Barcelona, 2008.

Sherman, N., *Stoic warriors: The ancient philosophy behind the military mind*, Oxford University Press EE. UU. (OUP USA), Nueva York (NY), 2007.

—, *The untold war: Inside the hearts, minds, and souls of our soldiers*, W.W. Norton & Company, Nueva York (NY), 2010.

—, *Afterwar: Healing the moral wounds of our soldiers*, Oxford University Press EE. UU. (OUP USA), Nueva York (NY), 2015.

Stockdale, James B., *Courage under fire: Testing Epictetus's doctrines in a laboratory of human behavior*, Hoover Institution Press, colección Essays n.° 6, Stanford (CA), 1993.

—, «Thoughts of a philosophical fighter pilot», *Hoover Digest* n.° 1 (1996), Hoover Institution Press, Stanford (CA), 1996.

Taleb, Nassim Nicholas, *El lecho de Procusto: aforismos filosóficos y prácticos*, traducción de Genís Sánchez, Paidós, Barcelona, 2021.

—, *Antifrágil: las cosas que se benefician del desorden*, traducción de Genís Sánchez y Albino Santos, Paidós, Barcelona, 2016.

Trinkaus, C., «Jason Lewis Saunders: Justus Lipsius. The Philosophy of Renaissance Stoicism», *Reinasance News*, I (10), primavera de 1957, pp. 33-34.

Turienzo, R., *El pequeño libro de la motivación*, Alienta Editorial, Barcelona, 2016.

Tversky, A., y D. Kahneman, 1985. «The framing of decisions and the psychology of choice», *Science*, 211 (4481), enero de 1981, pp. 453-458.

Veyne, P., *Séneca: una introducción*, traducción de Julia Villaverde, Marbot, Barcelona, 2008.

Voss, C., *Rompe la barrera del no: 9 principios para negociar como si te fuera la vida en ello*, traducción de María Serrano, Conecta, Barcelona, 2016.

Wilson, C., *Epicureanism: A very short introduction*, Oxford's Very Short Introductions series, Oxford University Press, Oxford, 2015.

Wolfe, T., *Todo un hombre*, traducción de Juan Gabriel López Guix, Ediciones B, Barcelona, 1999.

Sobre los autores

Javier G. Recuenco

Ingeniero informático, ha sido Chief Technology Officer, Data Manager, consultor en EY, una de las grandes de la industria conocidas como Big Four, ha realizado proyectos de innovación para la Comisión Europea y es autor de libros y artículos sobre marketing con la tecnología siempre como motor principal.

Sin embargo, Javier es más conocido por ser presidente de Mensa en España, un impulsor del reconocimiento y el apoyo a los menores con altas capacidades, y la persona de referencia en el mundo de habla hispana en todo lo relativo a *Complex Problem Solving* [resolución de problemas complejos o CPS por sus siglas en inglés]. Creador y director del máster en CPS de UNIR. Padre de tres hijas. Sus «turras» en Twitter son legendarias.

Experto en *personotecnia*, Javier lee casi cien libros al año y, además de amante de la música heavy, lidera dos podcasts, *Heavy Mental* y *Nada que perder*. En ambos hace gala de su pasión por las humanidades, y de lo que él denomina «el Factor X». Amante de la antropología, es asesor de CEO y lleva años aplicando en gestión empresarial todo lo que ha aprendido de los filósofos estoicos. Profesor, conferenciante y emprendedor, ha fundado Singular Solving, donde trabaja como Chief Strategy Officer y aplica todo lo comentado anteriormente en empresas e industrias de todo tipo.

Guillermo de Haro

Ingeniero, economista, periodista, emprendedor. Autor de libros como *Corleone Business School*, *El espectador económico*, basado en el programa de radio del mismo nombre, *El poder de las redes sociales para pymes y startups* o el cómic *Ligonomics: cerveza, macarrones y otros secretos económicos del amor.* Socio de *Jot Down Cultural Magazine*, donde escribe regularmente, es investigador y doctor en Economía Aplicada y en Ingeniería Industrial.

Fue Strategic Development Manager y Director de Servicios Creativos en la multinacional americana Technicolor Entertainment Services, director de operaciones en Workcenter SGD y consultor y emprendedor en diversos proyectos. Imparte docencia en IE Business School, Universidad de Salamanca, EAE Business School, Munich Business School, Universidad Sergio Arboleda (Colombia), URJC, UEMC y otras instituciones educativas de todo el mundo. Padre de dos niños y una niña, vive a caballo entre Madrid, Múnich y Bilbao. Tiene publicaciones académicas en la revista del MIT, *Sloan Management Review*, o *Harvard Business Review*, entre otras, en temas como ciberseguridad, sostenibilidad o emprendimiento.

A pesar de su perfil técnico y empresarial como ingeniero y doctor en Economía, publica regularmente artículos sobre la memoria, el conocimiento, la toma de decisiones, el escepticismo, la risa o la mejora personal (como, por ejemplo, «Superpoderes»).